ATTENTATS

ET

COMPLOTS

CONTRE

NAPOLÉON III

HISTOIRE COMPLÈTE

DES ATTENTATS ET DES COMPLOTS

JUSQU'A CE JOUR

ACCOMPAGNÉE

De Portraits et de Gravures

Prix : 1 fr. 10 c. franco.

PARIS

A. CHEVALIER, ÉDITEUR

61, RUE DE RENNES, 61.

—

1870

S. M. NAPOLÉON III.

INTRODUCTION

—

Au moment où la découverte d'un nouveau complot dirigé contre la vie de l'Empereur impressionne si vivement l'opinion publique, il nous a paru utile et intéressant de rappeler les différentes tentatives de ce genre entreprises depuis vingt ans.

Ainsi que notre titre l'indique, nous avons borné notre sujet aux attentats et aux complots, sans entrer dans l'histoire des sociétés secrètes.

Ces pages ont leur enseignement.

Elles permettent de suivre les menées du parti révolutionnaire depuis l'Empire, de ce parti, qui préconisant la république démocratique et sociale comme la forme par excellence des gouvernements de l'avenir, la poursuit par l'émeute et l'assassinat.

De tels moyens, négation formelle du droit et de la justice, la conscience publique les réprouve énergiquement.

Dans les circonstances actuelles, alors que les libertés nouvelles, loin de satisfaire les hommes de ce parti, n'ont fait que les exciter, il est du devoir de tous les honnêtes gens de se compter. Ils faciliteront ainsi la marche du gouvernement dans la voie libérale.

ATTENTATS ET COMPLOTS

CONTRE

NAPOLÉON III

PREMIÈRE PARTIE.

—

LES COMPLOTS ET ATTENTATS SOUS LA PRÉSIDENCE

Les comités de Londres et de Jersey. — Le complot de la Reine-Blanche. — La machine infernale de Marseille; sa description. — Les Invisibles.

L'empire venait d'être rétabli par 8 millions de suffrages dans la personne de Louis-Napoléon Bonaparte.

Les mesures énergiques prises sous la présidence avaient assuré le rétablissement de l'ordre. La nation entière, pleine de confiance, s'était remise au travail, et, dans toutes les branches de l'industrie et du commerce, se manifestaient un mouvement et une ardeur qu'on ne connaissait plus depuis longtemps.

Dans ces circonstances, le nouvel Empereur proclama l'amnistie du 8 février 1853.

Quelques milliers de proscrits rentrèrent en France sous la condition « de ne rien faire désormais contre le gouvernement de l'élu du pays ; » les autres préférèrent attendre dans l'exil « l'heure du châtiment. »

Le *Comité révolutionnaire* et la *Révolution*, à Londres, le *Comité de Jersey*, composés des vaincus du 2 décembre 1851 et de juin 1848, bannis ou déportés à titre de conspirateurs, avaient organisé la lutte des républicains contre l'Empire, après avoir en vain protesté contre l'avénemeut au trône de Louis Bonaparte.

Déjà la police avait découvert le complot de la *Reine-Blanche*, à Paris.

D'après l'accusation, les armes saisies étaient de véritables machines infernales ayant pour objet de canonner, de fusiller, de miner, d'incendier.

Mais avant que les inventeurs de ces engins aient eu le temps d'en faire usage, la police avait éventé la mèche, et, le 30 juin 1852, treize personnes furent arrêtées dans le local désigné.

Dix-neuf autres arrestations eurent lieu le lendemain et les jours suivants.

Parmi les conspirateurs, on remarque un ex-officier de marine, M. *Viguier*, et un docteur en médecine, M. *Henri Favre*.

A la suite d'une minutieuse instruction, quinze des personnes arrêtées furent accusées de faire partie d'une société secrète ayant pour but le renversement de l'ordre de choses établi, de fabrication et de détention d'armes de guerre sans autorisation.

Les débats de cette affaire, qui s'étaient ouverts le 15 septembre devant le Tribunal de police correctionnelle de Paris, furent clos le 18, et les peines suivantes prononcées contre les inculpés :

L'ex-officier de marine Viguier, qui n'avait pas comparu, fut condamné par défaut à deux ans de prison ;

Durand père, à trois ans de prison ;

La femme Durand, à deux ans de la même peine ;

Durand fils, à quinze mois ;

Corbet, à trois ans ;

Ménard, à dix-huit mois ;

Berthé, à trois ans ;

Paté, à deux ans ;

Carpeza, à deux ans ;

Brasseur, à vingt mois ;

Machinal, à dix-huit mois ;

Pelletier, à deux ans ;

Gradelet, à quinze mois ;

La femme Desmares, à deux ans ;

Henri Favre, à deux ans.

A quelque temps de là, lors du voyage du Prince-président dans le Midi, le préfet de police, à Marseille, avait mis la main sur une abominable conspiration dont les auteurs ne se proposaient pas moins que de foudroyer, à l'aide d'une machine de leur invention, le Prince-président et son escorte.

C'était une machine monstrueuse composée de quatre énormes bouches à feu et de deux cent-cinquante canons de fusil, déposés dans une maison de la rue du Grand-Chemin-d'Aix. On était en train de braquer quand les agents s'introduisirent dans cette maison, où ils arrêtèrent un certain Bæcler, forgeron, et un autre individu du nom de Gaillard.

Ce dernier put prendre la fuite.

Les deux conspirateurs faisaient partie de la société dite des *Invisibles*, dont le but était la mort du chef de l'État, le pillage et la ruine de la société.

Des arrestations eurent lieu à Paris et dans toute la France.

Sur ces entrefaites, le bruit se répandit que Gaillard avait été arrêté à Saint-Étienne, dans les bureaux mêmes du commissariat de police, où l'audacieux conspirateur s'était présenté, demandant un passe-port.

Le lendemain, il était reconnu que l'homme en prison n'était qu'un faux Gaillard.

Ici se place le plébiscite pour le rétablissement de l'Empire et dont l'adoption a eu lieu à une majorité considérable.

DEUXIÈME PARTIE.

—

COMPLOTS ET ATTENTATS SOUS L'EMPIRE

I

La Commune révolutionnaire.

L'affaire de la *Commune révolutionnaire* est surtout basée sur les excitations séditieuses des bannis.

Ainsi que nous l'avons dit, à peine sur la terre d'exil, ceux-ci firent tous leurs efforts pour renverser le gouvernement qui les y avait envoyés.

Ils répandirent, à cet effet, par toute la France, des écrits dans lesquels ils ne prenaient pas la peine de dissimuler leur but.

Le manifeste suivant va nous en donner et l'esprit et le on

« Citoyens,

« La démocratie a dû s'imposer quelques mois d'attente et de souffrance avant de frapper le brigand qui souille notre pays, afin de se réorganiser malgré la terreur bonapartiste.

« Soyez donc prêts à tout et à chaque instant. Tâchez de vous voir et de vous rassembler souvent par deux, par quatre, par six, par dix, s'il est possible; formez des groupes et des centres qui communiquent entre eux de vive voix. Conspirez enfin avec courage et prudence, car la persécution doit rendre ardents ceux qu'elle voudrait anéantir. *Quand la grande nouvelle vous arrivera*, qu'elle vous trouve debout, sans vous surprendre, comme celle du 2 décembre; rappelez-vous que, ce jour-là, vous avez attendu en vain un signal de la part des traîtres ou des lâches qui se disaient vos chefs; ne soyez donc plus des moutons qu'on mène, soyez des hommes.

« Aussitôt que vous apprendrez que l'infâme Louis Bonaparte a reçu son juste châtiment, quel que soit le jour ou l'heure, partez de tous les points à la fois pour le rendez-vous convenu entre plusieurs groupes, et, de là, marchez ensemble sur les cantons, les arrondissements et les préfectures, afin d'enfermer dans un cercle de fer et de plomb tous les vendus, qui, en prêtant le serment, se sont rendus complices des crimes de leur maître. Purgez une bonne fois la France de tous les brigands qu'elle nourrit et qui la rongent. Depuis quatre ans, vous avez appris à les connaître; lorsque luira le jour de la justice, que ni votre cœur ni votre bras ne faiblissent; car vos ennemis, généreusement épargnés, redeviendront bientôt vos persécuteurs et vos bourreaux. En punissant les pervers, le peuple devient le ministre de la justice de Dieu !...

« N'oublions pas aussi que la France est chargée des malédictions de la démocratie européenne, qui attendait de notre initiative son signal de délivrance; malgré nos faiblesses et nos défaillances, les nations lèvent encore vers nous leurs mains enchaînées et leurs yeux où brille un dernier rayon d'espoir; montrons-nous dignes de la sublime mission de progrès et d'avenir que le monde entier semble nous avoir confiée; ouvrons aux peuples le chemin de la République universelle par la Révolution démocratique et sociale de la France.

« Octobre, 1852.

« *Le comité révolutionnaire.* »

Le parquet collectionna un certain nombre de ces écrits, mit la main sur quelques-uns de ceux qui les distribuaient, accusa de complot auteurs et propagateurs; et, par jugement du 22 juillet 1853, furent condamnés, pour société secrète, distribution d'écrits séditieux, provocations à la guerre civile :

Félix Pyat, Boichot, Caussidière, L. Avril, Rougée, à dix ans d'emprisonnement (par défaut);

Bardot, Bravard, Berlier, Génin, Gravier, à cinq ans d'emprisonnement;

Cordier, à deux ans;

Obin, femme Obin, veuve Libersalle, à six mois;

Vergès, Boissé, veuve Foubard, à un mois;

Vigneaud, à six mois.

On a vu que Boichot avait été condamné par défaut.

L'année d'après, il rentre clandestinement en France, dans le but de tenter un soulèvement populaire. Voici ce qu'il raconte à ce sujet :

Arrivé à Paris, il se rend chez quelques-uns des correspondants du comité révolutionnaire; mais il n'y trouve que la crainte et l'effroi. Le cauchemar de décembre étreint encore les imaginations, les âmes sont détrempées... L'amour des jouissances matérielles remplace chez presque tous l'idéal de la liberté et les grandes pensées de la Révolution.

Pendant trois jours, il visite les anciens Républicains et les garnisons de la banlieue sans rencontrer nulle part les chances de succès d'une tentative insurrectionnelle, et il se préparait à repartir pour Londres, lorsqu'il rencontra par hasard un démocrate connu qui l'engage à venir chez lui le lendemain pour s'y trouver avec un groupe de camarades.

Il se rend à cette invitation, et, après la séance, comme il passait devant la maison d'un peintre, autrefois de ses amis, il veut profiter de la circonstance pour lui serrer la main.

Là il ne trouve encore que l'inquiétude et la terreur.

Il sort immédiatement.

Mais à peine est-il dans la rue qu'un groupe d'hommes en blouse l'interpelle par son nom, lui annonçant qu'il est découvert et qu'ils veulent le mettre à l'abri dans le voisinage, chez une personne amie.

Il suit ces hommes, non sans méfiance. C'était aux environs de Plaisance, et l'on marchait à travers champs, lorsque deux de ces prétendus ouvriers arment chacun un pistolet et déclarent à Boichot qu'il est leur prisonnier. Les autres agents se précipitent sur lui, lui saisissent les bras et l'entraînent du côté de la barrière.

Là on le fait monter dans une voiture et il est conduit à la préfecture.

Quelques jours après la police arrêtait également un jeune ouvrier mécanicien, Edmond Poirier, et madame Marie-Antoinette Coingt, républicaine dévouée, — l'un et l'autre sous la prévention d'avoir distribué des écrits séditieux et d'avoir fait partie d'une société secrète. Etaient compris dans la même accusation tous les membres des comités de Londres et de Jersey de la *Commune révolutionnaire.*

Le 24 août, les accusés furent traduits devant la 6e chambre, sauf bien entendu les absents.

Boichot, arrivé dans la prison du palais de justice, refusa de comparaître devant le tribunal. On voulut l'y contraindre par la force, et l'on fit venir, à cet effet, un piquet de soldats.

L'ex-représentant dit à l'huissier Lécorché :

« Vous avez pour vous la violence et l'arbitraire, j'ai pour moi le droit et la justice. Au nom de la République, je proteste contre tout ce qui sera fait à mon égard. »

L'huissier se montra d'abord fort indécis; puis il referma la porte du cachot et disparut.

Un instant après, il revenait informer Boichot que le tribunal avait décidé de passer outre aux débats, et de le juger par défaut.

Madame Coingt et Poirier se rendirent à la sixième chambre.

La première, malgré la plaidoirie de son défenseur, Me Desmaret, fut condamnée à deux ans de prison et 500 fr. d'amende.

Poirier en fut quitte pour un an.

Boichot fut condamné, par défaut, à cinq ans de prison et 10,000 fr. d'amende.

Les membres contumaces des comités de la *Commune révolutionnaire,* Félix Pyat, Rougée, Vallière, à Londres; Colfavru, Alavoine et Bianchi, à Jersey, furent condamnés à la même peine.

II

Complot de l'Hippodrome et de l'Opéra-Comique.

Revenons maintenant au 2 juin 1853, dans la *plaine des Vertus.*

A cette date, suivant l'acte d'accusation, les nommés Feulliet, Alix, Ruault, et deux ou trois autres individus de la classe ouvrière, se réunissaient chez un nommé Gérard, tailleur, rue de la Jussienne, 5.

Ils sortent ensuite tous ensemble et se dirigent en se promenant vers le Palais-Royal, et, chemin faisant, ils discutent un plan de barricades conçu par Alix.

Le lendemain, les mêmes hommes se trouvent réunis à neuf heures du soir, dans la commune de la Chapelle-Saint-Denis, au domicile du nommé Decroix, marchand de futailles, et transporté en juin. A cette réunion, sont venues d'autres personnes, notamment Dronsin, teneur de livres et Belge, compromis dans les affaires de juin et dans celles de décembre 1851.

Là on débat encore le plan des barricades d'Alix, mais sans rien arrêter. On s'occupe aussi des éléments divers sur lesquels on pourrait compter en dehors de l'Association, et l'on de-

mande à un ouvrier du chemin de fer quel appui
ses camarades seraient susceptibles de prêter à
une insurrection.

Le jour suivant, on devait se réunir chez
Folliet, mais il y a contre-ordre, et c'est au pied
des fortifications, dans la plaine des Vertus,
qu'est choisi le rendez-vous.

On y arrivait séparément ou par petits
groupes, marchant par des sentiers détournés et
non sans regarder à chaque pas autour de soi ;
des sentinelles étaient posées de distance en distance, prêtes à donner l'éveil en cas de danger...

La discussion du plan de barricades revient
sur le tapis. Ruault tranche la question en disant que l'on fera des barricades comme à l'ordinaire. L'action est résolue ; l'assemblée se déclare en permanence et l'on attendra l'occasion
favorable. On étudiera les habitudes de l'Empereur, et quand on le trouvera sans escorte, on
tirera sur lui. Son cadavre sera traîné dans les
rues, on dressera des barricades, on fera appel
par tous les moyens à l'insurrection. On s'est
assuré d'une imprimerie destinée à répandre des
proclamations incendiaires, et déjà l'on a mis en
circulation deux bulletins par lesquels un comité
directeur invite tous les citoyens à se tenir prêts.
En outre, vingt-six canons, fabriqués avec des

tuyaux de gaz, sont à la disposition des conjurés.

On se sépare là-dessus.

Le 6 juin, des pistolets sont distribués à un certain nombre de conjurés. Les pistolets sont doublés de poignards. Mariet, Joiron, en ont reçus de Ruault et de Gérard. — Ce jour-là, les journaux ont annoncé que l'Empereur et l'Impératrice se rendront, le lendemain, à la représentation de l'Hippodrome. On présume qu'ils y viendront sans escorte; ce sera le moment d'agir.

Mais déjà l'autorité est au courant de tout, et les démarches des principaux membres de la conspiration sont soigneusement épiées.

Les conjurés, qui l'ignorent, ne cherchent pas moins à atteindre la réalisation de leurs plans.

Les mesures nécessaires sont prises dans ce but. Des groupes sont disposés depuis la butte de l'Hippodrome jusqu'aux portes de ce théâtre. D'autres groupes sont échelonnés sur l'avenue de Saint-Cloud, du côté du bois de Boulogne, que Leurs Majestés doivent traverser pour se rendre au théâtre. Neuf individus sont postés à la porte même du bois.

Sur les cinq heures et demie, au moment où les agents de service faisaient ranger la foule our faciliter le passage de la voiture impériale, p

Lux, l'un des conjurés frappa, dans ses mains et poussa un cri d'une nature particulière. Aussitôt, on put remarquer un grand mouvement dans les groupes ; quelques hommes se rapprochèrent, d'autres partirent, se dirigeant vers l'avenue de Saint-Cloud et le bois de Boulogne. Dans tout ce parcours, des sentinelles avaient été placées et se tenaient, non pas debout, mais couchées dans les fossés, l'œil et l'oreille au guet, prêtes à donner ou à transmettre tous les avertissements nécessaires...

Soit par suite des mesures de l'autorité, soit défaillance de la part de quelques-uns des conjurés, soit enfin par tout autre motif, le complot ce soir-là échoua.

Le 8 juin une conférence a lieu, dans le jardin du Luxembourg, entre Mariet, Copinot et Ruault, d'une part, — et Ribault de Laugardière, Laflize, A. Ranc, étudiants, d'autre part. On s'y encourage mutuellement à persévérer et on se promet de ne laisser échapper aucune occasion.

Cependant, dans la nuit du 8 au 9, de nombreuses arrestations sont pratiquées : Folliet, Lux, Ruault, Decroix, Doton, Delbos, sont mis entre les mains de la justice. — Le 16 du même mois on saisit au domicile de Bratiano une presse clandestine.

Les conjurés ne se découragent pas pour cela.

Une nouvelle assemblée solennelle a lieu à Saint-Mandé le 3 juillet; on y prend les mêmes résolutions qu'à la réunion de la plaine des Vertus.

C'est là que de Meren, dit le Belge, apparaît pour la première fois. Il se charge de donner le signal de l'attaque, le 5, lorsque l'Empereur entrera à l'Opéra-Comique, ou en sortira, et il s'engage à tirer le premier ses deux coups de pistolet sur la voiture impériale.|

Le 5, à sept heures du soir, tous les conjurés étaient à leur poste, les membres de la société appartenant à la classe ouvrière, dispersés dans les rues et sur le boulevard; les autres, c'est-à-dire les étudiants, tels que Laugardière, Ranc, Laflize, réunis sur le grand balcon du café de ce nom, assistant d'abord comme spectateurs à l'attentat qui se prépare, et tout prêts à jouer un rôle plus actif aussitôt que l'assassinat aurait ouvert la porte à l'insurrection.

Mais nous l'avons dit : la police veillait. Elle arrêta sur place, et avant qu'ils eussent eu le temps d'agir, la plupart des conjurés. Le complot venait encore une fois d'échouer.

Nous n'avons fait que résumer, dans ce qui précède, l'acte d'accusation.

A raison des charges relevées dans ce document, furent traduites devant la Cour d'assises de la Seine, sous la prévention d'avoir, de concert, arrêté et résolu :

1° De commettre un attentat contre la vie de l'Empereur ;

2° De détruire ou de changer le gouvernement,

Les personnes suivantes :

Louis Folliét, né le 25 septembre 1796, entrepreneur de bâtiments, employé au chemin de fer de Strasbourg.

Joseph Ruault, né le 8 juillet 1813, tailleur de pierres.

Auguste Montchirond, teneur de livres.

Pascal-Joseph-Philippe Decroix, né le 6 avril 1806, marchand de futailles.

Joseph Lux, né le 6 janvier 1817, fabricant de chaussures à la mécanique.

Jules Alix, né le 9 septembre 1818, professeur.

Edouard Thirez, né le 13 mai 1817, cordonnier.

Jean-Constantin Bratiano, né en 1823, propriétaire.

Gérard, né le 6 décembre 1811, tailleur.

Charles-François-Marie Deney, né le 13 septembre 1825, tailleur.

Adrien-Eugène Copinot, né le 6 mars 1831, papetier.

Paul-Richard-Dieudonné-Jean-Baptiste de Méren, dit le Belge, né le 11 février 1828, comptable.

Jean-Georges Matz, dit le Cuirassier, né le 14 octobre 1800, boulanger.

Alexandre Maillet, né en octobre 1822, cordonnier.

Gustave Mariet, né le 24 avril 1835, papetier.

Charles Mazille, né le 1er mars 1824, menuisier.

Pierre Turenne, né le 18 août 1830, tailleur.

Pierre Gabrat, né le 5 février 1823, tailleur.

Joseph Jaud, né le 7 mai 1831, bijoutier.

François Commès, né le 12 septembre 1822, mécanicien.

Henri Joiron, né le 15 octobre 1820, cordonnier.

François Baudy, né le 11 août 1831, cordonnier.

Jean-Laurent Follot, né le 14 mai 1811, ancien chirurgien militaire, docteur en médecine.

Léon-Hippolyte Ribault de Laugardière, né le 12 septembre 1831, étudiant en médecine.

Arthur Ranc, né le 20 décembre 1831, étudiant en droit.

Sigismond Laflize, né le 21 janvier 1830, étudiant en droit.

Félix-Pierre Martin, né le 26 décembre 1830, étudiant.

Les débats furent très-intéressants.

Nous ferons connaître l'esprit qui animait les accusés en rapportant l'interrogatoire de Lux et d'Alix.

M. le président à l'accusé Lux : Vous avez été condamné? — R. Oui, quelquefois.

D. Pour chants séditieux? — R. Oui, pour des chansons.

D. Aussi pour les troubles de Lyon? — Oui,

c'était en 1834, en Bourgogne. Il y avait des ouvriers qui voulaient reconquérir la liberté, je leur ai donné un coup de main.

D. Nous n'admettons pas cette explication. Vous avez été condamné pour vol et escroquerie ? — R. Jamais, c'était une condamnation politique.

D. Le dossier est là ; il n'y a pas de politique là-dedans. — R. J'ai été condamné comme propagandiste.

D. Vous aurez lecture du jugement et de ses motifs. — R. Oh !

D. En 1848, vous étiez à Paris, et vous y avez joué un rôle ? — R. Je ne connais pas de rôle... je n'en joue pas.

D. Vous avez été un des premiers à violer, le 15 mai, l'Assemblée nationale ? — R. Voici comment...

D. C'est inutile. Vous avez été condamné ici pour fraude en matière électorale ? — R. J'ai été condamné innocemment.

D. C'est entendu. Vos précédents expliquent votre participation aux actes actuels. Vous étiez aux fortifications ? — R. Je ne comprends pas qu'on dise ça.

D. Vous connaissez Alix ? — R. Oui.

D. Il ne vous veut pas de mal ? — R. Non.

D. Vous êtes allé chez lui ? — R. Oui, prendre mesure de chaussures à sa sœur.

D. C'est justement ce qu'il dit, et Folliet le dit aussi. — R. Je ne comprends pas que Folliet dise ça. Demandez-lui si j'y étais.

M. le président : Vous allez avoir satisfaction : Folliet, avez-vous vu Lux à cette réunion ?

Folliet : Oui, monsieur.

M. le président : Eh bien, Lux, vous avez une satisfaction complète ?

Lux : Il m'a connu quand j'étais membre du Comité démocratique.

D. A quelle époque ? — R. En 1849.

D. Dans quel but ce comité ? — R. Pour les élections, pardi !

D. Qu'alliez-vous faire le 7 juin chez Folliet ? — R. Je n'y ai pas été, je ne le connais pas.

D. Les inspecteurs qui vous surveillaient vous ont vu le 7 juin chez Folliet, chez Delbos, à la place Lafayette, où vous avez pris une voiture à vasistas ; ils vous ont suivi jusqu'à la place de la Madeleine, où vous êtes descendu.—R. Je vous répondrai, et quand MM. les *jurys* sauront comment j'ai été traité par l'instruction...

D. Qu'est-ce que vous entendez par là ? — R. Pardi ! comment on a agi pour me faire connaître.

D. Qui est-ce qui a agi ? — R. La police ou le juge d'instruction.

D. Ah ! prenez garde. Expliquez-vous, mais soyez prudent. — R. Je prends ma défense dans l'accusation. Le 7, j'ai travaillé de neuf heures à sept heures, et pourtant l'accusation dit qu'on m'a suivi et que j'ai pris la voiture n° 39. Je reviendrai là-dessus. On a dit que j'avais payé la voiture ; je m'expliquerai. Après cela, qu'on a vu ma figure au vasistas ; toute personne honnête dira si c'est possible d'y reconnaître une figure. Eh bien, c'était la figure de Ruault. L'accusation se contredit.

D. Ça ne nous apparaît pas ; seulement, il paraît que vous mettiez tour à tour la figure au carreau. Vous verrez le cocher et tout s'expliquera. Avez-vous pris ce fiacre ? — R. Non.

D. Etes-vous allé à l'Hippodrome ? — R. Je n'en ai aucune connaissance.

D. On vous a surveillé; vous avez donné des ordres, placé des hommes sur le passage de l'Empereur?—R. Je n'y étais pas. Si l'on m'avait vu pousser des cris et frapper dans mes mains, on aurait dû m'arrêter.

D. Vous devancez ce que j'allais vous dire. Ne triomphez pas déjà, vous allez trop vite et vous parlez trop. Vous êtes signalé comme ayant donné des instructions, fait des signaux et placé du monde. — R. C'est faux. Le juge d'instruction a fait placer des agents qui ne me reconnaissent pas, et le juge d'instruction a dit : « Comment! c'est Lux, et vous ne le reconnaissez pas! »

D. Allons, nous ne vous permettrons pas d'insulter un magistrat. — R. Je n'injurie pas, j'explique les choses.

D. Je vous dis de vous taire. — R. Si je ne peux parler, condamnez-moi innocent.

D. On ne vous condamnera pas innocent, mais je ne vous laisserai pas insulter un magistrat. — R. Il faut pourtant que je dise...

D. Vous ne direz pas un mot de plus. Etiez-vous à l'Hippodrome ? — R. Non. Si j'avais fait ce que disent les agents, ils m'auraient arrêté.

D. Vous avez déjà dit cela. — R. Et il faut que je le répète.

D. Dans ce moment de grand péril, la grande préoccupation de la police était de protéger les jours du chef de l'Etat. On n'a arrêté personne, et l'on vous a suivi pour savoir qui vous étiez. — R. Les agents, en ne m'arrêtant pas, étaient plus coupables que moi, puisqu'ils me laissaient commettre un crime.

D. C'est une théorie. Nous verrons si les agents ont été plus coupables que vous.—R. Je proteste que je n'ai aucune connaissance de rien.

M. le président : Et vous, Alix, vous avez été arrêté en 1848?

Alix : Je suis ravi de l'observation par laquelle vous débutez.

D. D'abord que faites-vous? — R. Je m'occupe d'éducation. Je n'accepte pas la qualification de professeur, parce que je crois que c'est un sacerdoce. J'enseigne la lecture en quinze leçons ; je m'occupe aussi de la physique universelle.

D. Il paraît que votre physique universelle ne comprenait pas la pratique de la pudeur, puisque votre propriétaire a fait fermer bien vite votre cours?— R. C'est une calomnie de l'accusation. J'ai enseigné beaucoup de choses, et c'est peut-être pour cela qu'on n'a pas bien su au juste ce que j'enseignais. Mon propriétaire m'a suscité des difficultés à raison de mes meubles, et ce serait une histoire assez longue.

D. Oh ! passons sur cette histoire, et revenons, à votre satisfaction, sur l'interpellation que je vous ai faite sur les journées de juin. — R. Ah ! voici. M. le juge d'instruction, que je regrette de ne pas voir ici...

D. Ah! permettez.—R. Mais permettez aussi.

D. Je ne permets rien contre le juge d'instruction. — R. Vous permettez tout ce qui est la vérité. J'ai dit que j'avais été arrêté en juin 1849, pendant quelques instants ; on a écrit que j'avais été arrêté en juin 1848... J'ai protesté, et M. le juge d'instruction, ne tenant pas compte de ma rectification, a mis que j'étais un insurgé de juin.

D. Parlons des faits actuels. — R. Je n'ai pas fini avec ma protestation.

D. Tout aura son temps dans ce débat. — R. Ça me suffit.

D. Comment connaissez-vous Gérard ? — R. Il a conduit sa fille à mon cours.

D. Et Folliet ? — R. Dans les circonstances que l'accusation relève.

D. Et Lux ? — R. Au quai aux Fleurs, il y a deux ou trois ans. Il est venu chez moi la dernière fois pour prendre mesure de chaussures à mon frère et à ma sœur.

D. Etes-vous allé à la réunion des fortifications ? — R. Il n'y a pas eu de réunion aux fortifications. C'était une réunion...

D. Vous avez le tort de trop parler. — R. C'est ce que m'a dit le juge d'instruction : il m'a dit que j'étais trop confiant. (On rit.)

D. Vous appelez ça être confiant ? Qu'entendez-vous par la réunion des fortifications ? — R. C'est ce que j'allais vous dire quand vous m'avez interrompu. J'étais avec Folliet et Lux, me promenant sur le plateau des fortifications, et notre seule préoccupation, à ce moment, était la crainte que nous avions d'être en contravention en marchant sur l'herbe.

D. Vous avez, quelques jours avant, fait part

d'un plan de barricades à Folliet et à Lux? — R. Nous nous promenions dans le jardin du Palais-Royal, sans croire que nous *commettions* une réunion. Nous causâmes des événements graves qui préoccupaient tout le monde, je veux parler de la crise des démolitions...

D. Oh! c'était peu grave. — R. Comment! mais on démolissait partout, et tout le monde était sur le pavé. Moi-même, j'étais menacé dans l'existence de mon cours, qu'on voulait faire tomber...

D. Par la démolition? — R. Oui, en me disant qu'ils étaient immoraux.

D. C'était un peu vrai, puisqu'on vous a donné congé. — R. J'expliquerai cela.

D. Arrivez donc au fait. — R. J'y arrive.

D. Vous prenez un chemin un peu long. — R. Eh bien! nous causâmes donc des événements, des émeutes qui se préparaient, et je dis que les barricades n'étaient fortes qu'autant qu'elles étaient soutenues par l'opinion publique. Et puis, vous dites que je parle trop; il est possible que j'aie trop parlé ce jour-là, mais j'ai dit que les meilleures barricades ne valaient rien! Voilà ce qu'on appelle proposer un plan de barricades.

Folliet: M. Alix avait un papier à la main, et sur ce papier le plan des barricades.

Alix: Ah! ceci est heureux pour moi. Ce papier, voyez-vous, c'est une de mes erreurs. J'a toujours un papier à la main, et, tenez, j'en tien un en ce moment, et, certes, je ne m'attenda pas à cet incident. Il n'a pas été question de pla de barricades, pas plus qu'aux fortifications. Vou lez-vous que je vous dise ce qui s'est passé aux fortifications?

D. Nous le savons. — R. Non, vous ne le savez pas.

D. Nous comprenons que vous présentiez des explications et des faits nouveaux. Ce qui est certain, c'est qu'aux fortifications, l'assassinat a été décidé, la permanence déclarée et le jour d'agir fixé au 7 juin. — R. Rien de cela n'est vrai. J'ai entendu parler de permanence, mais j'ai cru que cela voulait dire qu'il fallait se tenir sur ses gardes, faire une résistance analogue à la puissance.

D. Qu'est-ce que vous voulez dire? — R. Je voulais dire que l'Etat, c'était la puissance. (S'échauffant dans sa démonstration) : or, si l'Empereur était dans la puissance, il était opposé à la résistance...

D. Enfin vous avez dit qu'il fallait que l'on s'attaquât à la tête. — R. De l'insurrection, monsieur le président, de l'insurrection !

D. Vous êtes socialiste; vous vous êtes porté comme candidat socialiste aux élections. — R. Oui, et je ne comprends pas qu'on ait osé attaquer ici les opinions de 1848.

D. Ne le prenez pas si haut, il y a eu en 1848 opinion et opinion. Vous saviez ce que signifiait le mot *permanence*, et l'on s'étonne qu'un homme qui a la dose d'intelligence... — R. C'est ce qu'on me reproche.

M. le président : On s'étonne de vous voir dans ces sociétés ténébreuses... — R. Je n'ai jamais agi qu'au grand jour et je n'ai jamais appartenu à aucune société secrète.

Après l'interrogatoire des accusés et les dépo

sitions des témoins, l'avocat général Mongis commence ainsi son réquisitoire :

Est-il nécessaire de le constater, après ce que vous avez vu et entendu depuis quelques jours ? Jamais crime aussi grave, aussi odieux ne fut soumis au jury ; mais jamais preuves plus éclatantes ne furent apportées à la justice. Trop souvent, dans des affaires de complot, il a fallu recourir à des combinaisons de paroles et de raisonnement, et, dans un temps où ces affaires étaient si fréquentes, il avait fallu recourir à un mot nouveau, qui fut jeté dans la presse ; c'est ce qu'on appelait les procès de tendance. Rien de cela dans l'affaire actuelle ; pas de raisonnements, mais des preuves. Ici ce sont des réunions, sur lesquelles la police avait l'œil, et où l'on proposait l'assassinat pour arriver à l'insurrection. Quand tout est convenu, au moment où l'exécution va commencer, les conspirateurs sont suivis jusque chez eux et saisis sur les lieux, les armes à la main, les vêtements regorgeant d'armes et de poudre. Ainsi, flagrant délit et aveux formels : voilà les éléments qui devront former vos convictions.

Voilà, messieurs, la physionomie générale de cette affaire, et nous ne craignons pas d'être désavoués par vos souvenirs.

Ici M. l'avocat général donne la définition du complot : c'est le projet concerté de parvenir à un attentat convenu à l'avance. Les éléments du complot se trouvent dans le procès : réunion chez Decroix, au Palais-Royal, aux fortifications, au Luxembourg.

Qu'il nous soit permis de le dire, ajoute M. l'avocat général, parce que tout ce qui est juste, tout ce qui est vrai, doit être dit ici ; nous, à notre tour nous faisons appel à vos consciences d'honnêtes gens, et nous vous demandons de dire, après ce que nous avons expliqué, ce que c'est que le complot, si l'accusation n'est pas établie, si elle ne pèche pas par son indulgence, et s'il n'eût pas été possible d'y trouver une qualification plus grave? Dites si, à chaque pas, vous n'avez pas vu la preuve qu'on pouvait reprocher aux accusés d'avoir tenté un assassinat, d'avoir voulu des barricades, et si ces actes tentés par eux n'ont pas manqué leur exécution par des circonstances indépendantes de la volonté des accusés?

L'accusation pouvait donc aller plus loin qu'elle ne l'a fait. Oui, car ces hommes ont voulu assassiner l'Empereur ! Oui, ils ont voulu élever des barricades, et, s'ils n'ont pas réussi, rendons-en grâce à la Providence, à la vigilance de l'autorité, à tout le monde, excepté aux accusés.

Ceci est extrêmement grave et important à constater ; car, au moment de dire votre dernier mot sur les accusés, vous aurez à vous demander s'il y a lieu d'accorder des atténuations à ces hommes dont la conduite a été si odieuse, et vous vous demanderez si la modération de l'accusation n'est pas tout ce que les accusés méritent de circonstances atténuantes.

Après ces prémisses de l'accusation, M. l'avocat général entre dans l'exposé des faits généraux du procès.

Au début, deux mois avant la première tentative, nous voyons deux sociétés parallèles, l'une sur la rive droite, l'autre sur la rive gauche.

Dans celle-ci, nous voyons des étudiants qui, sous l'inspiration d'uu homme que vous connaissez maintenant, du sieur Alavoine, se livrent, sous prétexte d'économie politique, aux actes préparatoires du complot. A côté d'eux, et sur l'arrière-plan, se trouvent, il faut bien le dire, des hommes dont la présence en ces lieux est profondément regrettable. Il en est un surtout qui, sous un gouvernement régulier, a occupé une situation élevée. Mais après ce qu'a dit à ce sujet, avec une énergique simplicité, l'acte d'accusation, après ce que vous avez entendu hier, après l'attitude si pleine de convenance avec laquelle cet homme a accepté les observations si justes et si élevées de M. le président, il y aurait mauvais goût de notre part à revenir sur cet incident, qui a suffisamment porté son enseignement.

A côté de ces réunions, qu'il réunit sous le nom de *bande Laugardière*, M. l'avocat général examine les sociétés établies sur la rive droite et qui avaient pour mission de réunir les ouvriers, les hommes d'action. Ces deux sociétés, c'était l'intelligence unie à l'action.

Ces deux fractions se sont mises en rapport le 2 juin, le jour où Alix a soumis à Ruault, à Lux et à Copinot le plan de barricades. Le lendemain, l'assemblée générale des conjurés se réunissait chez Decroix, un ex-transporté, où avait lieu une discussion plus approfondie de ce plan d'A-lix.

Le même plan est encore débattu, deux jours

après, dans la plaine des Vertus. Là, la fusion est complétement opérée.

Là, le plan d'Alix fut écarté ; on décida qu'on ferait des barricades comme à l'ordinaire ; on décréta la permanence, et on décida que l'Empereur serait assassiné partout où il serait trouvé sans escorte, partout où le crime pourrait être commis sans danger pour les assassins.

M. l'avocat général, après avoir suivi les principaux accusés dans les démarches qui ont précédé la journée de l'Hippodrome, raconte les faits généraux de cette première tentative. Ce premier échec ne les a pas fait renoncer à leurs détestables projets, et ils s'efforcent de réunir les tronçons de leur association pour donner suite à ce que l'un des accusés a appelé « une partie remise ».

M. l'avocat-général arrive aux faits de l'Opéra-Comique, à l'occasion desquels il résume les renseignements que l'instruction et les débats ont fournis à l'accusation.

Après avoir ainsi reproduit, à grands traits, l'ensemble des faits généraux, M. l'avocat général continue en ces termes :

Mais tous les coupables ne sont pas sur ces bancs : tous peut-être ne sont pas en France. En présence d'actes si graves, il ne faut rien exagérer ni rien amoindrir, il faut dire la vérité : il faut faire retomber la part de responsabilité sur quiconque l'a encourue ; il faut dire que le complot paraît avoir des ramifications à l'étranger, dans la province.

A l'étranger : comment en douter, après cette

odieuse lettre d'Alavoine qui vient de prendre
place dans ce débat ? Comment en douter, après
les paroles que l'instruction a recueillies ? Lorsqu'une voix s'élève pour que l'on donne communication des plans au colonel Charras, une autre
voix répond « qu'il n'y a rien à communiquer, et
que le colonel sait tout ? « Un des principaux accusés (de Méren) s'exprime ainsi, en s'adressant
à un des conspirateurs : « Venez, nous aurons
des nouvelles de Londres... notre société correspond avec Londres : il le faut, pour donner à nos
opérations l'ensemble et la force nécessaires. »

Arthur Ranc est sur ces bancs : son frère,
Emile Ranc, s'est soustrait par la fuite aux recherches de la justice ; mais de l'île de Jersey,
où Alavoine est allé le rejoindre, il correspond
en France avec des hommes connus pour leurs
opinions démagogiques. On trouve chez eux les
lettres qu'il leur adresse et auxquelles sont
joints ou les originaux ou les copies de ces
deux bulletins qui sont des pièces de ce procès.

Bratiano, chez qui l'on saisit la presse clandestine d'où ces bulletins sont émanés, Bratiano
est frère d'un homme qui tient à Londres une
place importante parmi les réfugiés.

Comment ne pas voir dans ces circonstances
le lien qui rattache les réfugiés de Londres aux
conspirateurs de Paris ? Comment ne pas ratta-
cher ce complot à des manœuvres ourdies dans
la province, quand on voit cet Alavoine organi-
ser à Paris le club des Etudiants, à l'instigation
de Watteau, médecin de Lille, gravement incri-
miné dans cette procédure, et qui, suivant l'un
des accusés, disait « être en mesure de faire

sauter la citadelle de Lille, quand cela serait utile à son parti ! »

Et de Méren, arrêté chez un démagogue, à Melun, où suivant l'accusé Deney, on devait couper les fils électriques pour interrompre les communications du gouvernement dès que l'assassinat de l'Empereur aurait été consommé !

Voilà, Messieurs les jurés, sans sortir de l'exactitude et des éléments du procès, voilà qui en agrandit les proportions et lui donne son véritable caractère.

Mais n'y eussent-ils pas concouru par une coopération directe, ces hommes criminels que la patrie a rejetés de son sein, qui pourrait le méconnaître ? ont été, par d'abominables écrits, les instigateurs du crime que vous avez aujourd'hui à punir ! Ils ont semé dans les écoles, dans les ateliers, dans les mansardes, le germe de ces passions détestables qui se traduisent par l'assassinat et l'insurrection.

Ici, c'est l'ex-colonel Charras appelant à la révolte et au massacre ces soldats français sous le drapeau desquels l'honneur s'est toujours réfugié ; c'est lui qui leur crie de « frapper le tyran et ses complices, parce que l'humanité les en conjure et que la justice le leur ordonne ! »

Et cette infâme provocation, on la trouve dans les papiers de presque tous les accusés, comme un mot d'ordre auquel ils doivent obéir.

Puis, se traînant sur les traces de l'ex-colonel, voici venir l'homme de lettres, le chef d'une déplorable école, qui, lui aussi, s'adresse à notre glorieuse armée... *pour la maudire.*

Ah ! disons-le bien hautement ici : gloire au

contraire à cette armée qui, dans la paix comme dans la guerre, saura toujours garder intact l'honneur de son drapeau ! et que les malédictions du présent et de l'avenir retombent sur ces hommes superbes qui, prostituant les plus nobles facultés de l'intelligence, ne semblent inspirés que par le génie du mal; qui, après avoir égaré les esprits par les voies d'une fausse littérature, font de la politique un instrument de désordre et d'anarchie !

M. l'avocat général cite encore un fragment d'un écrit de l'accusé Alavoine; puis il ajoute :

Une dernière citation, messieurs, de ces pièces saisies au domicile des accusés. Vous voyez le complot; vous savez quels enseignements l'ont préparé; vous devez connaître la récompense promise. Voici une pièce intitulée : *le Budget de la République*; il émane de la plume du sieur Baune, ancien représentant du peuple. Il y est dit qu'à l'avénement de la République nouvelle 6 milliards seront prélevés sur les riches; que 150 millions serviront à former pour eux des colonies pénitentiaires dans les sables de l'Afrique ; que le surplus sera distribué aux prolétaires, sauf à chaque secte, phalanstériens, communistes, socialistes et autres, à en faire l'usage que bon leur semblera.

Voila, messieurs, de quelles doctrines on nourrit ces jeunes gens des écoles, dont la patrie voudrait faire son orgueil et son espérance ! Voilà les enseignements que l'on prodigue à ces hommes de la classe ouvrière, pour laquelle un prince généreux témoigne une si vive et si touchante sollicitude ! Voilà l'avenir où ces hommes

(montrant le banc des accusés) voulaient conduire
la France, à travers l'assassinat et l'insurrection !
Il nous reste à vous dire quelle part chacun d'eux
a prise à ces manœuvres parricides, que la vigilance de l'autorité a su déjouer avec l'aide de
Dieu qui protége la France !

L'honorable organe du ministère public commence par les faits qui concernent Folliet, qu'il
regarde comme occupant le premier rang dans
l'affaire, aussi bien que dans l'accusation. Il rappelle sa vie consacrée aux sociétés secrètes, ses
relations avec les hommes dont les noms ne
réveillent que les plus tristes souvenirs : Martin
Bernard, Barbès, Blanqui.

Folliet, compromis dans un incendie des re-
gistres de la mairie de Belley, est signalé
comme un ouvrier paresseux, aimant mieux se
mêler de politique que s'occuper de travail. Il a
subi plusieurs condamnations politiques qui ne
l'ont pas corrigé; il est toujours le même, sauf
la prudence que l'âge lui a donnée.

Ses aveux ont jeté un grand jour sur l'instruction. Il a déclaré qu'il était moins coupable qu'on
ne le disait. Cependant il a avoué que, dans la réunion de la plaine des Vertus, il a émis la décision
d'assassiner l'Empereur et d'ériger des barricades. Il a beau dire que les plans d'exécution ne
viennent pas de lui, il les approuvait, les inspirait en quelque sorte, et il en préparait l'exécution.

Vient le tour de Ruault, ce fondateur de la société des Deux-Cents, destinés à l'action. C'est
encore lui qui forme ce qu'il avait appelé le cor-
don sanitaire, création dont le but était de confier

à des hommes choisis la surveillance de la société pour empêcher qu'il ne s'y introduisît des éléments étrangers.

Il a fait certainement partie du comité directeur avec Alix, de Méren, etc.

Ruault n'approuve pas le plan des barricades proposé par Alix. « Non, dit-il, pas de barricades comme le dit Alix ! nous les ferons comme toujours. » C'est lui qui avait promis de livrer à Mariet, le papetier, le littérateur, une imprimerie prête à fonctionner.

Chez lui, on a trouvé deux bulletins qui émanent de cette même imprimerie, dont il sera encore question plus tard.

Le 6 juin, à la réunion dont Ruault faisait partie, ne dit-il pas à un groupe : « Êtes-vous de la première attaque ? » ce qui voulait dire : Êtes-vous de ceux qui doivent attaquer l'Empereur au bois de Boulogne ou à l'Hippodrome ?

M. l'avocat général représente à MM. les Jurés Lux et Ruault dans un fiacre, suivis par un agent de l'administration, et se rendant de la place Lafayette à l'Hippodrome par les Champs-Elysées. L'agent les voit descendre émus par une certaine préoccupation. Dans le trajet, ils regardaient toujours à travers le vasistas pratiqué derrière la voiture, tant ils craignaient d'être observés.

Les agents de l'administration remarquent aux abords de l'Hippodrome un mouvement inaccoutumé ; ils voient ces figures sinistres que les révolutions font sortir de la boue des pavés. MM. les jurés n'ont pas oublié tout ce luxe de stratégie et de précautions prises par les conspirateurs, ces hommes couchés dans les fossés jouant le rôle d'éclaireurs.

Au moment où Leurs Majestés Impériales allaient sortir de l'Hippodrome, un cri particulier se fait entendre ; l'inquiétude des agents de l'autorité augmente, et, comme pressentant le danger qui menace les augustes personnages, autant par le zèle que par la discipline, ils se pressent autour de la voiture, l'entourent, lui font un rempart de leurs corps ; et on peut dire que si ce jour-là la France a conservé ses souverains, c'est grâce à la vigilance si intelligente et si vigoureuse de l'administration, aidée, il est vrai, de la Providence, qui ne cesse de protéger la France!

Oui, messieurs, s'écrie l'avocat général, il est impossible de ne pas apercevoir la main de Dieu dans cette précieuse protection ; car, vous le savez, l'Empereur est confiant ; il marche souvent sans escorte, ne pouvant rien soupçonner d'odieux du caractère français, et s'entourant de sa glorieuse auréole de huit millions de suffrages !

En résumé, Ruault est l'organisateur, le chef intelligent du complot. Il distribue l'argent et les armes ; il prend conseil sur ses plans ; et, après avoir vu le premier échouer, il cherche à réparer au Luxembourg l'occasion perdue à l'Hippodrome.

Le troisième au rang de l'accusation est Montchiroud. Quoique ce fait ne se lie pas directement aux faits du procès, MM. les jurés n'oublieront pas que cet accusé, marié lui-même, vivait avec une femme mariée, après avoir abandonné la sienne.

Montchiroud, compromis en 1851 et 1852 pour affaire politique, se distinguait par sa violence. Le 3 juin, il assistait à la réunion chez Decroix. Il s'écriait : « Il n'y a rien à communiquer au colonel Charras ; il sait tout. » Dans cette séance, il a développé ses idées d'insurrection ; et, lors de l'arrestation de ses complices, il a pris la fuite.

L'accusé Decroix était l'amphitryon chez lequel se tenaient les réunions où l'on agitait les odieux projets qui ont conduit ici les accusés. En face de cet accusé, l'honnête homme ne peut maîtriser son indignation. Il avait été l'objet de la clémence inépuisable de l'Empereur, et quel usage fait-il de ce domicile qui lui est rendu ? Il l'ouvre aux conciliabules qui préparent l'assassinat de son auguste bienfaiteur ! Mais voilà de ces choses que l'on peut regarder légèrement dans un certain parti ; mais voilà de ces choses qui, suivant nous, aggravent encore le crime que nous reprochons à cet accusé !

On ne retrouve pas bien évidemment les traces de Decroix dans l'action ; mais il suffit pour l'accusation qu'il ait été le centre des discussions qui ont traité de l'assassinat.

Lux s'est rendu à l'Hippodrome en voiture avec Ruault ; il a donné un signal. Il a un mérite de moins que quelques autres de ses coaccusés, c'est qu'il n'est pas aussi explicite qu'eux, et, quoique accablé du poids des charges, il nie jusqu'à l'évidence.

Alix, vous avez entendu avec quelle emphase cet accusé a présenté ses moyens de défense ; vous avez vu cette légion de témoins qu'il a fait

venir pour constater la moralité de l'enseignement qu'il donnait à de petites filles !

Il fut arrêté en 1849, et non en 1848, comme
nous avions d'abord dit. Mais alors on était en
République, a dit l'accusé, et on arrêtait tout le
monde !

Non, messieurs, on n'arrêtait pas tout le
monde ; et nous, qui avons défendu ce gouvernement quand il était régulier, nous savons parfaitement que toutes les fois que la justice s'est im-
miscée dans la politique, il n'a pas été permis de
dire qu'on arrêtait tout le monde. Alix a été arrêté parce qu'il était signalé comme un homme
dangereux.

Cet accusé était à la réunion de la plaine des
Vertus. Qu'y faisait-il ? Il vous répondra avec
un sentiment bucolique qu'il y allait respirer
l'odeur des blés et des foins. Et, en vérité, c'est
avec hésitation que nous reproduisons ces paroles, car elles amènent sur les lèvres un sou-
rire, incompatible avec la gravité de cette affaire.
Alix était à la plaine des Vertus pour concerter les
infâmes projets dont il devait être un auteur.

D'après le témoignage de son coaccusé Gérard,
Alix, qui tient à prouver qu'il avait de larges
moyens d'existence, était obligé d'aller coucher
tantôt chez l'un, tantôt chez l'autre.

Alix était à la réunion de Decroix ; il était à
celle des Vertus, de son propre aveu. C'est là
qu'il expose des barricades de son invention.
L'accusé avait l'amour propre de l'inventeur ;
c'est au point que, se laissant aller devant le
juge d'instruction, et froissé d'avoir vu ses plans
rejetés par ses complices, il fait ressortir devant

le magistrat les inconvénients de l'ancien système de barricades, et met au plus grand jour les avantages que l'on aurait retirés du sien.

Alix ose dire, ô l'innocent Alix! qu'il n'a pas compris le mot de permanence quand il fut prononcé dans la plaine des Vertus. Lui qui possède toutes les finesses de la langue, ignore ce que c'est qu'une société politique qui se déclare en permanence! Mais pourtant lorsqu'on a dit qu'il fallait frapper la tête, Alix avoue avoir parfaitement compris qu'il s'agissait d'assassiner le chef de l'Etat.

Tous ces faits amèneront la condamnation d'Alix, l'homme le plus dangereux de cette bande d'assassins.

M. l'avocat général, après avoir examiné ce qui concerne l'accusé Thirez, donne lecture de quelques fragments d'écrits politiques trouvés au domicile de ce dernier. Entre autres choses était une pièce de vers de Boichot, dont voici quelques vers qui s'adressent aux femmes du peuple:

« Ne les bercez (vos enfants) qu'aux récits de l'histoire
« Dont les feuillets ont des traces de sang!

« Que par le Christ votre haïne allumée
« Creuse une tombe à tous vos oppresseurs!»

Ensuite, de la propre écriture de l'accusé, on trouve ces fragments: «Je hais les rois.... Je n'ai jamais aimé la calotte, etc.»

Bratiano, réfugié valaque, n'est pas un des hommes les moins dangereux que l'accusation a conduits ici. Il est le frère d'un réfugié politique comme lui, qui réside en Angleterre; car vous le savez, ce pays, avec lequel d'ailleurs nous avons de bons rapports politiques, donne asile aux réfugiés de toutes les nations, au grand détriment de la France, de l'Europe, et peut-être aussi au grand détriment de l'Angleterre même.

M. l'avocat général rapproche tous les faits qui ont accusé Bratiano.

Une caisse renfermant une imprimerie a été saisie chez lui. Ce matériel était des plus compromettants, car non-seulement des caractères d'imprimerie identiques à ceux qui avaient servi à l'impression de deux bulletins publiés avant la tentative de l'Hippodrome se trouvaient dans cette caisse, mais encore on y avait découvert la composition d'un bulletin commencé.

Bratiano prétend que cette caisse lui avait été envoyée par un ami qui n'a pu être retrouvé.

Mais il suffit de réfléchir un instant pour voir combien est absurde l'explication de l'accusé. Supposez que cette caisse ait été envoyée sans qu'il eût connu la nature des objets qu'elle renfermait, il est évident qu'on n'adresse pas des objets pareils à un homme d'ordre ; on les envoie plutôt à des hommes éprouvés, comme on dit dans un parti. Puis Bratiano avoue avoir ouvert la caisse. Comment ! on lui confie un dépôt, et il le viole ! Il faut donc s'en tenir au système de l'accusation. Cette imprimerie lui appartenait, et c'était par ses ordres qu'elle avait été apportée chez lui, comme le concierge de sa maison en a déposé.

L'accusé Gérard, pour expliquer sa présence

à la réunion de la plaine des Vertus, a dit qu'il allait cueillir des marguerites. Les débats ont prouvé que cet homme sentimental voulait assassiner l'Empereur et abîmer son corps après sa mort. Telle est l'expression que les débats oraux nous ont apprise.

Il a pris part aux plans de l'insurrection dont le quartier général devait être à La Chapelle, où avaient été réunis des presses, des canons, des drapeaux.

Le portrait de Barbès, l'*Almanach du peuple* ont été trouvés dans son domicile.

Il y a une chose, dit M. l'avocat général, que nous avions réservée, et nous nous en repentons. Deney, dans ses déclarations, a dit que tout se centralisait dans les mains de Gérard, et que ce dernier lui avait tenu ce propos, dont MM. les jurés apprécieront toute la gravité : « J'ai fait ouvrir aux étudiants un compte chez le banquier Goudchaux pour avoir des armes. »

Deney, cet accusé auquel on doit peut-être tenir compte de ses aveux, a été arrêté en armes devant l'Opéra-Comique. Chez lui ont été trouvées les deux lettres à l'armée de l'ex-colonel Charras et de Victor Hugo.

Copinot a été arrêté devant l'Opéra-Comique porteur de deux pistolets prêts à faire feu et d'une boite de poudre. Il a été de toutes les tentatives à l'Hippodrome, au Luxembourg.

De Méren, belge d'origine, obligé de quitter son pays à la suite d'une condamnation infamante, vient en France en passant par l'Angleterre, ce qui ne manque pas de signification.

C'est cet accusé, redoutable par son énergie,

qui devait donner le signal de l'odieux attentat en tirant le premier deux coups de pistolet sur la voiture impériale.

M. l'avocat général insiste d'une manière particulière sur les nombreuses charges qui regardent cet accusé et que les débats oraux, dit-il, n'ont pas allégées.

De Méren s'était fait l'exécuteur de l'horrible sacrifice de l'Opéra-Comique. Il avais mis un soin infatigable à se procurer de nombreuses armes à feu et à les distribuer aux acteurs du complot: à Gabrat, à Commès, etc. Il pousse l'ardeur du meurtre jusqu'à charger lui-même les armes et à les charger avec exagération. Où a-t-il pris des ressources pour acquérir ces armes? On l'ignore, ou plutôt on le soupçonne ; car cet accusé était dans un tel état de gêne qu'il se faisait héberger chez des ouvriers qui n'avaient que leur travail pour exister et qui avaient même la bonté de lui prêter la somme de 50 centimes, 75 centimes pour sa barbe, pour sa consommation de tabac.

De Méren avait aussi pris la résolution de couper les fils électriques pour que le gouvernement ne pût communiquer avec la province.

Matz. Cet accusé avait figuré au rendez-vous de l'Hippodrome et de l'Opéra-Comique; du moins tout porte à croire qu'il était à ce dernier théâtre, car il n'a pu expliquer l'emploi de son temps pendant cette soirée.

Mailliet avait fabriqué 26 canons destinés aux barricades; cette fabrication devait dépasser la centaine. Les 26 canons furent offerts à Copinot et payés par lui.

Mariet, papetier, est le plus jeune des accusés, puisqu'il n'a que dix-huit ans. C'est lui qui, après la lecture de l'acte d'accusation, cria : « Vive la République ! » Cet écart annonce la violence de son caractère.

Vous nous entendez quelquefois, dit M. l'avocat général, vous parler des mères des accusés pour atténuer, s'il est possible, la sévérité de la justice. Mais que dirons-nous de la mère de Mariet ? c'est elle qui est cause de son malheur. Fière de l'éducation à peine ébauchée de son fils, elle le croyait destiné à régénérer la littérature. Elle lui avait fait croire qu'il illustrerait le papier qu'il se bornait alors à vendre.

De ces fausses directions, de ces pensées orgueilleuses, il n'y a qu'un pas pour arriver au crime.

Mariet s'intitule philosophe, et philosophe matérialiste. Voilà l'attitude qu'il prend ! Enflé de l'importance qu'il s'attribue, il écrit à M. le juge d'instruction : « Quand le socialisme triomphera, les lauriers croîtront dans les rues ; je ferai ma bibliothèque de l'univers… Je ne puis pas vous donner mon système et mon *secretorium* (il voulait dire *criterium*). » Mariet ne veut pas que le juge d'instruction ait l'honneur de s'élever jusqu'à sa hauteur.

Il écrivait encore au même magistrat : « En politique, il n'y a que des fripons et des niais ; des fripons qui exploitent, des niais qui se laissent exploiter… J'ai voulu être fripon, je n'ai été que niais. »

Mariet, dans la réunion du Luxembourg, avait dit que tous les ouvriers de Paris marcheraient contre le gouvernement. Non, messieurs, Mariet avait calomnié les ouvriers ; il avait menti, en disant qu'ils donneraient leurs bras à l'insurrection. Nous sommes sûrs qu'ils offriraient, au contraire, leurs bras au gouvernement de celui qui a su relever la confiance, et avec elle le travail ! Nous sommes sûrs qu'ils feraient à ce pouvoir un rempart de leurs corps.

Cet accusé a été signalé dans toutes les réunions. Il était armé sur la place de l'Opéra-Comique.

Mazille, propagandiste infatigable, en décembre 1851, avait excité un garde national à se montrer en uniforme sur les barricades.

Mariet, dans l'instruction, le désigne comme chargé de recueillir les sommes que la société percevait.

Remarqué par trois agents de l'autorité, aux abords de l'Opéra-Comique, il fut arrêté le lendemain, et, circonstance significative, on trouva dans la poche de son pantalon du tabac avec des grains de poudre.

Turenne, arrêté en flagrant délit sur la place de l'Opéra-Comique, avait dans sa poche un poignard et un pistolet chargé jusqu'à la gueule. Il avait eu pour mission de placer les assassins à leur poste, de leur distribuer des armes ; lui-même était armé. Du reste, Turenne a fait des aveux complets.

M. l'avocat général passe ensuite en revue les faits nombreux qui pèsent sur les accusés Gabrat, Jaud, Commès, Joiron, Follot.

Chez ce dernier, qui se préparait à panser les blessés de tous les partis, ont été trouvés, le lendemain des arrestations de l'Opéra-Comique, des vers dont voici un passage :

> Sers-lui de suaire,
> Sanglante poussière,
> Sans croix, sans prière,
> Qu'il meure oublié !
> Qu'à défaut du glaive,
> Le poignard achève
> Son œuvre sans trève,
> Ni grâce, ni pitié.

L'accusé dit qu'il n'a fait que copier ces vers ; qu'ils ne sont pas de lui. Il est vrai qu'ils appartiennent à un opéra (la *Lucie*). Mais ces vers, trouvés le lendemain de la tentative du crime, chez un homme qui a ses antécédents, n'ont-ils pas une signification accablante ?

Chose qui paraîtra peut-être étrange ! Follot a été solliciteur auprès du gouvernement actuel ! Ainsi, dans une lettre qu'il écrit à S. M. Napoléon III, et par laquelle il demande une tombe pour un de ses amis, il glisse dans le *post-scriptum* une demande de place. Il rappelle à l'Empereur que Napoléon Ier l'a honoré d'un regard quand il était encore très-jeune ; que le grand capitaine lui avait même donné une petite tape sur la joue. Il ajoute qu'il a eu l'insigne bonheur de naître le même jour que le roi de Rome.

Sans vouloir ajouter à un fait qui n'est pas évident plus d'importance qu'il ne faut, le ministère public constate que, dans les papiers saisis chez l'accusé, on a découvert une lettre de son frère, de laquelle il résulte que Follot a été l'objet d'une accusation de viol. Le ministère public ignore comment cette affaire a été étouffée.

L'accusé Laugardière appartient à une famille des plus honorables, qui a compté et qui compte encore des magistrats dans son sein. Il avait donc tous les moyens de se préserver, par l'exemple, des désordres auxquels il s'est livré. Il en est d'autant plus coupable.

L'accusé a mis au défi le ministère public de produire des pièces à l'appui des correspondances immorales qu'il avait liées avec quelques individus. Mais, pour soumettre ces preuves aux jurés, ne faudrait-il pas commencer par ordonner le huis-clos? Avec ces précautions, les preuves ne manqueraient pas à l'accusation. Il y a, au dossier, une lettre signée Blagny, dans laquelle ce dernier cherche à faire vibrer toutes les cordes de la sensualité dans le cœur de Laugardière, car il sait bien à qui il s'adresse.

Cette lettre finit par ces mots : « A propos, j'ai failli aller à la chasse avec Marey-Monge, tu sais, le cousin de celui qui a si bien gobé la prune! » Voilà avec quelle légèreté hostile on parle parmi ces hommes du meurtre et des événements les plus tristes !

Laugardière, le 8 juillet, avait, de concert avec les délégués du club des ouvriers, le plan d'assassinat et d'insurrection. Non-seulement il assiste à la réunion de Saint-Mandé, mais le 5 il vient assister, du haut du Grand-Balcon, au spectacle odieux que bientôt, dans ses espérances, allaient offrir les abords du théâtre.

Si une presse d'imprimerie a été saisie chez Bratiano, une presse lithographique a été découverte chez Laugardière. A l'aide de procédés chimiques, on a fait revivre, sur l'une des deux

pierres lithographiques saisies, une proclamation insurrectionnelle, presque entièrement
effacée.

M. l'avocat général aborde ensuite les charges
relatives à Ranc.

Nous voyons assis au banc de la défense, dit
l'honorable organe de l'accusation, le père de
l'accusé. Nous désirons qu'après avoir rempli
ce pieux devoir, le père ne regrette pas la
mission qu'il s'est donnée. Quant à nous, quelque
gêne que nous impose sa présence, nous nous
élèverons au-dessus des sentiments de l'homme
pour remplir, à notre tour, notre rigoureux et
inflexible devoir.

Ranc est coupable parce que Laugardière est
coupable. Ces deux accusés se trouvent toujours
agir ensemble par suite de leur intime liaison.
Il a pris part avec Laugardière à la conférence
du Luxembourg ; avec lui il était sur le Grand-
Balcon.

Dans les pièces figure un manuscrit de l'accusé ; c'est un ouvrage sur Marat ; voici quel
portrait il en fait : « Marat, qui avait de si
grandes pensées, qui était si propre à former
un grand peuple à la liberté !... »

Après la dispersion de ses amis, quand la tentative eut échoué et que la France fut préservée
d'une page sanglante à écrire dans son histoire
agitée, l'accusé Ranc prit sa tête entre ses
mains, et s'écria : « Ah ! le coup est manqué !
Quel malheur ! »

Laflize assistait aux réunions auxquelles se
trouvait Laugardière. Il était aussi au Grand-

Balcon, car il y a une similitude frappante entre toutes les actions des étudiants Laflize, Ranc, Laugardière.

Martin est dans la catégorie des étudiants qui se groupaient autour de Laugardière, Martin est une intelligence peu réglée ; il était en correspondance avec M. Michelet et le père Lacordaire, ce qui ne l'empêchait pas d'avoir le portrait de Robespierre, Il écrit au journal l'*Univers* qu'à vingt-deux ans il veut se faire prêtre. N'oubliez pas, dit-il, de faire remarquer que je suis l'auteur de la *Vie de Kossuth.* »

Une exclamation de Martin et digne de remarque, après que l'odieuse tentative eut échoué, est celle-ci : « Il n'y avait pas de chef, c'était comme une République ! »

Il ajoute qu'il ignorait le but de la convocation à l'Opéra-Comique, mais que, l'ayant appris, il n'avait pas reculé. Le seul scrupule qu'il avait, c'était le danger que courait l'Impératrice. C'était une pensée cruelle qu'en tuant l'Empereur on pouvait tuer son auguste épouse.

Martin avait émis l'idée qu'il fallait approcher la voiture de l'Empereur en criant : « Vive l'Empereur ! » Il voulait joindre ainsi la férocité à l'hypocrisie.

Notre tâche est terminée, dit en finissant M. l'avocat général. Nous ne vous demandons grâce ni pour la faiblesse de l'organe de l'accusation, ni pour la patience que nous avons exigée de vous, messieurs les jurés. Ce serait une injure que de s'excuser auprès d'hommes qui savent si bien remplir leur devoir et en mesurer l'étendue.

Sans méconnaître notre faiblesse, je ne sais quelle puissance nous domine dans une affaire aussi grave; mais, depuis que nous avons reçu la mission que nous venons d'accomplir, nous n'avons pas douté un seul instant du triomphe de notre parole aidée de l'évidence de faits aussi palpables. Nous avons pensé que l'impuissance de l'homme disparaîtrait devant la puissance des charges.

Nous ne vous parlons pas de la défense. Nous n'en méconnaissons pas le talent et l'expérience; mais, après elle, une autre voix aussi puissante que respectée se fera entendre, et répondra aux arguments des défenseurs qui, nous n'en doutons pas, accompliront leur devoir avec le respect de toutes les convenances. Du reste, nous nous plaisons à le dire, nous croyons que l'attitude des accusés est due à l'influence qu'exercent sur eux leurs honorables défenseurs.

Cette double tâche accomplie, la vôtre commencera. Dans la salle de vos délibérations, après la grande voix de ces débats, vous aurez la voix de votre conscience.

Est-il besoin de vous le dire, messieurs les jurés? tant qu'il serait resté une goutte de sang dans les veines de la France, elle n'aurait pas accepté un gouvernement établi sur le crime et l'anarchie.

Quoi! la démence a donc pu persuader un instant à ces hommes que leurs mains dégoûtantes de sang auraient imposé à la France la révolution de l'assassinat et du pillage! Non, non, ce crime eût été inutile.

Le pays eût vu avec horreur changer la forme

du gouvernement qui a pour lui la magnifique légitimité de huit millions de suffrages, et qui a été le point de départ de sa grandeur, de sa tranquillité, de sa prospérité actuelle. Voilà, messieurs, ce que proclamera votre verdict. Voilà ce que diront tous les hommes de bonne foi.

Vous n'oublierez pas, messieurs, que, parmi ces accusés, il n'y a que de vulgaires pillards de la société. Vous prouverez encore une fois que ces bans ne sauraient être un piédestal, mais que c'est le pilori de l'infamie !

Nous attendons votre verdict avec la plus grande confiance. Nous nous connaissons, messieurs, nous avons réprimé ensemble les excès de cette presse tournée au mal. Nous disions à ces journaux : « Prenez garde, vous ne cherchez pas le bien ; vous semez les vents, vous recueillerez la tempête ! » La voilà, devant vous, la tempête ; ce sont ces accusés ; nos prédictions se sont malheureusement réalisées !

Le pouvoir a voulu que le jury fût appelé à donner son verdict sur cette cause, dont les preuves vous ont été présentées d'une manière si loyale ! Vous justifierez cette confiance dont vous êtes si dignes, messieurs, et, encore une fois, vous protégerez la société menacée par l'invasion des barbares.

M. Jules Favre défendit Bratiano, qui appartenait à une grande famille valaque.

Au milieu de sa plaidoirie, qui fut d'ailleurs fort belle, il se tourne tout à coup vers les accusés, et, d'une lèvre dédaigneuse, il laisse tomber sur eux ces paroles outrageantes : — « Mon client, messieurs, Bratiano, que serait-il allé faire au milieu de cette cohue ? »

L'indignation fut générale.

Jules Favre, dans sa réplique, retira le mot.

Mais le mal était fait, le procureur général put s'écrier, en faisant allusion à cette inqualifiable boutade : — « Eh bien ! ouvriers, étudiants, vous l'avez entendu ! On se sert de vous, et, quand vous avez échoué, on vous repousse du pied comme une vile cohue ! »

Bratiano est le même qui a été, naguère, ministre de l'intérieur et des finances dans les Principautés-Unies.

Thiry, Bratiano, Baudy, Ranc, Laflize, Martin, furent déclarés non coupables.

Ruault, Lux, Gérard, Copinot, de Meren, Mariet et Gabrat furent condamnés à la peine de la déportation.

Montchiroud, à dix ans de détention,

Matz, Mazille, Turenne, à sept ans de détention.

Deney, Maillet, Jaud, Commès et Joiron, à cinq ans de détention.

Folliet, Decroix et Alix à huit ans de bannissement.

Laugardière, à cinq ans d'emprisonnement.

Folliot, à trois ans d'emprisonnement.

III

Attentat de Pianori.

C'était en 1855, pendant la guerre de Crimée.

l'Empereur venait d'arriver de Londres, où le peuple anglais lui avait fait une réception enthousiaste.

Il remontait à cheval, le 28 avril, le côté droit de l'avenue des Champs-Élysées, entre ses deux aides de camp Ney et Valabrègue, vers cinq heures et demie du soir.

Il était parvenu à la hauteur des terrains Beaujon, au coin de la rue Balzac, lorsque tout à coup un homme s'avance vers lui, de la contre - allée, comme pour lui présenter un placet, tire de sa ceinture un pistolet à deux coups et fait feu par deux fois sur la personne de Napoléon III.

Cet homme était convenablement vêtu; il paraissait âgé de trente à trente-cinq ans, taille moyenne, traits réguliers, favoris et moustaches, cheveux frisés et noirs, teint coloré, type italien.

Il se nommait Pianori.

L'empereur n'avait pas été atteint, et l'assassin tirait un autre pistolet de sa poche pour consommer l'attentat, lorsqu'un brigadier de sergents de ville se précipite sur lui, un poignard à la main, et le terrasse.

Pendant qu'on s'assure de sa personne, Napoléon III rejoint l'Impératrice et retourne aussitôt aux Tuileries.

Pianori était âgé de vingt-huit ans, ouvrier cordonnier, ancien volontaire de l'armée de Garibaldi. Il portait un passe-port délivré au nom de *Liverani*. Il était italien et natif des États-Romains.

Il était vêtu d'un vaste paletot brun, cachant un autre costume à l'aide duquel, s'il n'avait pas été arrêté sur place, il aurait pu se dissimuler et se confondre dans la foule.

Il avait sur lui une somme de cent francs en or et quinze francs en argent.

Le pistolet double, de grande dimension, dont il s'était servi, était une arme de luxe, et c'est, prétendit-on, à la longueur même de cette arme, qu'il fallait attribuer qu'il eût manqué son but.

Les protestations arrivèrent bientôt.

Le même jour, 28 avril, avait vu clore la session du Sénat.

Comme d'usage, les membres de cette assemblée vinrent, le lendemain, prendre congé de l'Empereur.

A midi, Leurs Majestés, précédées et suivies

des grands officiers et dames de leur maison,
firent leur entrée dans le salon blanc, où se trouvaient les ministres, le président du conseil
d'État et les sénateurs.

Le président du Sénat, M. Troplong, adressa
alors à l'Empereur les paroles suivantes :

« Sire,
« Une tentative homicide a essayé de répondre aux acclamations de Londres et au légitime
orgueil que la France en a ressenti. Mais la
main protectrice de Dieu est encore plus visible
que celle de ce fanatique étranger, dont les projets ont été confondus.

« Bénissons, Sire, l'admirable logique qui préside aux décrets de la Providence. Elle a voulu
que votre trône s'élevât comme un rempart entre la France et les révolutions. Elle veut, par
suite, que les factions ne puissent vous empêcher d'accomplir la grande mission d'où dépendent les destinées de l'Europe et l'avenir de la
civilisation.

« Nous unissons nos sentiments à ceux de
l'Impératrice. Il n'y a pas un cœur français qui
n'ait palpité comme le sien. »

A quoi l'Empereur répondit :

« Je remercie le Sénat des sentiments qu'il
vient d'exprimer. Je ne crains rien des tentatives des assassins. Il est des existences qui
sont des instruments de la Providence. Tant que
je n'aurai pas accompli ma mission, je ne cours
aucun danger. »

Puis, ce fut au tour des Anglais.

L'Empereur avait exprimé le désir qu'aucune adresse officielle ne lui fût adressée à l'occasion de cet attentat.

Mais l'enthousiasme des Londonniens avait envahi ceux de leurs compatriotes résidant à Paris, et rien ne put empêcher ces derniers de présenter à Napoléon III l'adresse suivante :

« Nous, soussignés, sujets anglais résidant à Paris et dans les environs, demandons la permission de venir avec respect féliciter cordialement Votre Majesté Impériale d'avoir récemment échappé à l'infâme attentat dont votre personne sacrée a été l'objet de la part d'un lâche assassin.

« En toutes circonstances, un pareil attentat aurait naturellement excité en nous des sentiments de réprobation et d'horreur; mais ces sentiments se manifestent avec plus de vivacité et d'énergie quand nous pensons que l'acte criminel a été dirigé contre un monarque qui est uni à notre gracieuse et bien-aimée souveraine par les liens d'une alliance politique intime et d'une estime personnelle, qui a été si récemment son hôte honoré, et qui a reçu de la nation anglaise un accueil si enthousiaste et si bien mérité.

« Nous nous réjouissons d'avoir assisté à la manifestation universelle des sentiments de loyauté et d'affection qu'à l'occasion de ce déplorable attentat les habitants de cette grande métro-

pole ont fait éclater à l'égard de Votre Majesté
et de votre illustre compagne, l'Impératrice des
Français; et nous adressons de ferventes prières
pour que le Tout-Puissant, qui a préservé d'un
danger si éminent votre précieuse existence,
continue à étendre sur vous sa protection et
assure la prospérité non interrompue du règne
de Votre Majesté. »

Suivent 409 signatures. — La députation,
présidée par lord Denbigh, avait été introduite
auprès de l'Empereur par le duc de Bassano,
grand chambellan.

Pianori fut interrogé le soir même, par le procureur général et par le juge d'instruction.

Le lundi 30 avril, la chambre des mises en
accusation déclara qu'il y avait lieu à suivre
pour tentative d'assassinat sur la personne de
l'Empereur, et le prévenu fut renvoyé devant la
Cour d'assises de la Seine.

Nous sommes au 7 mai.

M. Patarrieu-Lafosse préside les assises.

Pianori est amené sur le banc des accusés.

Il est de taille ordinaire; ses cheveux sont
noirs et courts; son teint est d'un blanc mat, et
sa pâleur trahit l'émotion qu'il éprouve.

Il porte toute sa barbe. Il est sans cravate.
Son costume consiste en une espèce de caban

marron sans collet, sous lequel il a un gilet de laine rouge.

M. le procureur général Rouland occupe le siége du ministère public ; près de lui est M. l'avocat général Metzinger.

Mᵉ Benoist-Champy, avocat d'office, est au banc de la défense.

Le greffier lit l'acte d'accusation, et l'interrogatoire commence.

Le président (à l'accusé). — En 1849, vous étiez sous les ordres d'un chef révolutionnaire qui commandait en Italie ? — R. Révolutionnaire ! C'était en 1848. Nous nous battions contre les Autrichiens, ça n'était pas être révolutionnaire.

D. Comment s'appelait ce chef ? — R. Je ne me rappelle pas ; je crois que c'était Faldini.

D. Quand on a su que vous aviez figuré dans les mouvements insurrectionnels de l'Italie, on s'est occupé de rechercher vos antécédents, et voici les deux dépêches télégraphiques qui ont été envoyées à l'autorité par le chargé d'affaires de France à Rome :

« Rome, 2 mai 1855.

« L'individu dont il est question se nomme Senezio dit Prizzi Gelino ; il est âgé d'environ trente ans, cordonnier de son état, marié, et il a deux enfants. Il a été condamné pour assassinat politique. Il s'est évadé de la prison de Servia, et il a servi dans les bandes révolutionnaires qui se sont battues contre les Français.

« Il n'a pas, comme on l'a cru, assassiné un officier de gendarmerie française.

« Il est revenu plus tard dans son pays pour y commettre de nouveaux crimes. »

L'accusé. — Tout ça ne se rapporte pas à moi.

D. Avez-vous porté les noms de Senezio, dit Prizzi Gelino ? — R. C'était un surnom qu'on m'avait donné.

D. Enfin, par surnom ou autrement, vous avez été désigné ainsi, et vous voyez que ces renseignements sont bien près de s'appliquer à vous. On peut affirmer qu'ils vous concernent. — R. Ce n'est pas vrai.

M. le président. — Voici la seconde dépêche ; elle est du 5 mai, et elle porte que vous avez été condamné à douze années de galères pour assassinat !

L'accusé. — Ça n'est pas vrai. Je n'ai jamais été condamné aux galères ni à autre chose.

D. Cependant ceci est officiel et positif. La note continue : « Accusé de deux incendies en février 1849 ? » — R. J'ai été en prison pendant six mois.

D. Pour quelle cause ? — R. Je ne sais pas ; en arrivant à Rome, on m'a mis la main dessus pour des affaires où j'étais mêlé.

D. Comment ! vous ne savez pas pourquoi on vous avait emprisonné ? — R. Je ne sais pas bien la langue française.

D. Oh ! vous en savez assez pour nous le dire si vous vouliez.— R. C'était pour des affaires à Rome.

D. Je continue la lecture de la note : « Evadé

de la prison de Servia le 30 avril 1853. Noté comme assassin terrible. » — R. Ce n'est pas vrai.

Evadé de Servia, Pianori se réfugia en Piémont, où il resta jusqu'en octobre 1853.

De là il passe à Bastia, puis à Marseille sous le faux nom de Liverani, à Lyon, à Châlon-sur-Saône et enfin à Paris.

Il loge successivement rue de l'Arc-de-Triomphe et boulevard Pigale, vivant, selon lui, de son état de cordonnier.

Après un séjour de quelques mois, il part pour Londres.

Le président. — Pourquoi alliez-vous à Londres? — R. Pour y chercher de l'occupation.

D. Mais vous pouviez en avoir en France. Enfin, vous êtes arrivé à Londres à la fin de décembre 1854, vous avez gagné de suite 2 livres sterling et demi (62 fr.) par semaine. C'est bien extraordinaire ! Chez qui avez-vous travaillé ainsi?—R. Je n'ai jamais pu retenir le nom ; c'est un nom anglais, et c'est pas facile à retenir et à prononcer.

D. Vous n'avez pu donner sur lui aucun renseignement. En admettant que vous eussiez gagné tant que ça, pourquoi ne pas rester à Londres ? — R. Mon patron a vendu sa boutique et il est parti pour l'Amérique.

D. Il fallait aller chez un autre. — R. Je ne connaissais pas Londres.

D. Comment et pourquoi êtes-vous revenu à Paris? — R. Pour y travailler.

D. Mais, à votre retour, ceux qui vous avaient vu avant votre départ, ont constaté chez vous une véritable transformation. Avant votre départ, vous travailliez et vous étiez gai ; depuis votre retour, vous ne faisiez rien et vous étiez triste. — R. Je ne travaillais pas, parce que j'étais *blessé* au bras par un rhumatisme.

De retour à Paris le 23 avril 1855, Pianori va se loger rue Notre-Dame-de-Grâce. Il vit dans l'inaction et reçoit des femmes de mauvaise vie, qu'il prétend être des blanchisseuses.

Chaque jour il se rend aux Champs-Elysées. Il sait que l'Empereur y fait, sans escorte, de quatre à cinq heures, sa promenade habituelle.

Le président (à l'accusé). — Indépendamment des deux pistolets, on a trouvé sur vous en vous fouillant un troisième pistolet chargé, pistolet de poche. Vous aviez en outre un couteau-poignard et un rasoir très-bien aiguisé ? — R. Je l'avais fait repasser le matin et j'avais oublié de le laisser à la maison.

D. Le pistolet à deux coups a été acheté par vous à Londres 150 francs ? — R. Oui.

D. C'était une somme bien forte pour un ouvrier cordonnier ? — R. Je l'avais acheté pour faire le commerce.

D. MM. les jurés entendent cette explication. On a remarqué que les armes sont anglaises, que les amorces et les balles sont d'origine anglaise. Et le poignard ?—R. Je l'ai acheté à Paris.

D. Combien vous a-t-il coûté? — R. Onze francs.

M. le président ordonne qu'on défasse les paquets qui contiennent les armes dont il vient d'être question. Indépendamment de ces pièces de conviction, il y a le gilet que l'accusé portait au moment du crime ; il est marqué de quelques taches de sang.

L'accusé reconnaît toutes ces pièces.

D. Comment aviez-vous dans vos mains tant d'armes terribles ? Vous aviez donc prémédité le crime ? — R. Ce n'est pas vrai, ça m'est venu tout de suite.

D. Je dois faire savoir que la préméditation est une circonstance indifférente au point de vue légal lorsqu'il s'agit d'une tentative contre la personne de l'Empereur, mais nous comprenons que ce ne soit pas indifférent à examiner dans votre intérêt. Vous arrivez de Londres et vous y aviez acheté des armes de prix. On devine qui vous avez vu à Londres, et l'on vous retrouve à Paris, vêtu avec une certaine recherche. — R. Plusieurs de ces vêtements venaient de Marseille ; j'ai toujours été bien vêtu.

D. Mais votre chapeau portait aussi (comme s'il fallait que tous ces objets eussent, comme votre crime, une étiquette anglaise) l'indication « Palais-de-Cristal, Sydenham. » — R. Je l'avais échangé pour des souliers qui valaient 18 shellings.

D. Et la casquette que vous portiez sous vos vêtements ? — R. Je ne sais pas pourquoi je l'avais.

D. C'est singulier, en effet. Avec un chapeau vous n'aviez pas besoin de casquette. Vous étiez chaussé de bottines vernies, que vous n'aviez pas faites. Tout cela est significatif. Et, enfin, toutes ces dépenses payées, vous êtes trouvé nanti de 115 francs en or. — R. J'ai eu de l'argent parce que j'ai travaillé.

D. Mais, en admettant votre travail, il a fallu faire face aux dépenses de nourriture, d'entretien, des voyages que nous avons constatés et de l'acquisition des armes. L'accusation vous dit que cet argent est le prix payé pour solder l'assassinat. — R. Ça n'est pas vrai.

D. Qu'est-ce qui vous a porté à tirer sur l'Empereur? — R. Parce que le commerce n'allait pas; je ne travaillais pas. Il m'avait ruiné par la campagne de Rome; j'avais une femme et deux enfants, et, de désespoir, je m'étais donné à Bastia trois coups de couteau.

D. Qu'est-ce que cela fait à la question que je vous adresse? — R. Ça fait que le samedi, en dormant sur mon lit, dans l'après-midi, le mot expédition de Rome m'est venu à la pensée. Ce mot en a réveillé un autre; j'ai pensé à la misère de mon pays, à la détresse de ma pauvre femme, de mes enfants, et ma tête s'est montée. J'ai pris mes armes et je suis parti... Vous savez le reste.

D. Qui vous a poussé à ce crime? — R. Personne.

Après l'audition des témoins, dont un constate avoir entendu l'Empereur crier, au moment de l'attentat : « Ne le tuez pas! » le procureur général Rouland prononce le réquisitoire suivant:

« Messieurs les jurés,

« Antonio Pianori est accusé d'avoir commis un attentat contre la personne de l'Empereur;

Antonio Pianori se reconnaît coupable. C'est bien lui, en effet, qui, le 28 avril, a tiré deux coups de pistolet sur l'Empereur; c'est bien lui qui a été arrêté porteur de deux autres pistolets chargés et amorcés, et d'un poignard ou couteau catalan. C'est bien lui enfin qui, jouissant de toute sa raison et de sa liberté, et les mettant au service de détestables passions, a voulu commettre un crime afin de se venger de l'expédition contre Rome, afin de venger, a-t-il dit, la démagogie italienne vaincue et chassée par les armes de la France.

« Devant la certitude du crime et en présence des aveux de l'accusé, il semble que je n'aie rien à vous dire, et qu'il ne me reste qu'à m'asseoir, après avoir remercié Dieu d'avoir sauvé les jours de l'Empereur et assuré la tranquillité du pays.

« C'est ce que je ferais, messieurs les jurés, si le pays, qui n'assiste pas à ces débats, n'avait pas besoin de connaître l'histoire vraie, douloureuse de l'attentat commis. Il faut qu'il connaisse l'assassin, son origine et sa dépravation. Il faut que le pays apprenne, afin de le mieux flétrir, comment l'esprit révolutionnaire pratique la vertu et la fraternité, et raccole dans je ne sais quelle immonde bohême cette tourbe d'assassins et de coupe-jarrets pour assassiner les rois et bouleverser les empires.

« Voilà pourquoi il faut que je continue, et pourquoi il faut que je réclame quelques instants de votre religieuse attention.

« On aurait pu saisir, messieurs les jurés, une autre juridiction de la connaissance de cette affaire. Mais le moment eût été mal choisi. Quand il s'agit d'un assassin isolé, pris les armes à la main, traduisant par un coup de couteau ou par la balle d'un pistolet les doctrines régicides de son parti, à quoi bon l'appareil solennel d'une justice exceptionnelle? Il faut que les assassins sachent que, quand ils ne sont pas à l'instant broyés par l'indignation publique, ils sont saisis et promptement jugés par la justice du pays.

« L'Empereur, en outre, parce qu'il est l'élu de ce pays, ne cherche pas d'autre défense que celle qui appartient à tous. Il se réfugie dans la loi commune, et nous venons demander pour lui, pour sa vie, contre le meurtrier, la protection que la société accorde au plus humble de ses membres. C'est là, messieurs, un témoignage de confiance et de loyauté auquel vous répondrez en bons citoyens.

« Dans ce procès, messieurs, il n'y a rien à prouver, rien à discuter; c'est la clarté du jour. Je me borne donc à raconter.

« L'Empereur, selon son habitude, était sorti le 28 avril dernier, sans escorte, et se livrant, pour la sûreté de sa personne, à la foi publique. Il était arrivé à la hauteur du Château-des-Fleurs, lorsqu'un homme, Pianori, un réfugié italien, qui le guettait depuis plusieurs jours, s'avance vers lui. Alessandri, cet homme dévoué et courageux que vous avez entendu, voit ce mouvement, et, pensant que cet homme veut remettre une pétition à l'Empereur, il court pour l'en empêcher, parce que c'est là une chose défendue.

« Mais tout à coup il voit cet homme tirer un

pistolet de dessous ses vêtements. Il comprend qu'il ne s'agit pas de remettre une pétition, et que Pianori est un assassin, un assassin qui en veut à la vie de l'Empereur. Il se précipite alors vers Pianori ! Malheureusement une voiture qui descendait à fond de train les Champs-Élysées, vient se placer entre lui et le meurtrier.

« Remercions, messieurs, la Providence d'avoir placé là cette voiture, car il est probable qu'elle a troublé l'assassin et dérangé sa main. Cependant Alessandri entend une double détonation ; il tourne la voiture, se précipite sur l'assassin et le renverse. Dans sa main, il trouve un second pistolet chargé et amorcé. Lui, il a un poignard à la main, et il blesse l'assassin en le terrassant.

« On le fouille, et l'on trouve un troisième pistolet dans sa poche, plus un couteau, non, un couteau catalan, un poignard et un rasoir.

« Ce n'est pas tout : sous ses vêtements il avait une casquette. Est-ce que tout cela n'indique pas que, après avoir commis son crime, il voulait, s'il avait pu se sauver, se déguiser avec cette casquette, couper sa barbe avec le rasoir dont il était porteur ?

« Pendant ce temps, l'Empereur, calme et résolu comme sont les grands cœurs, regardant cet homme du haut de son mépris et de sa pitié, s'écriait : « *Ne le tuez pas !* » et il allait ensuite rassurer l'Impératrice qui, à la première nouvelle de l'attentat, ressentit les plus poignantes angoisses de la douleur.

« Maintenant, quel est cet homme ? Écoutez. Lui, c'est un assassin, un incendiaire, un évadé des prisons de l'Italie; puis, pour couronner cette triste carrière, devenant soldat de Garibaldi, soldat de l'armée révolutionnaire, entrant dans Rome sur le corps de Rossi pour chasser le pape de la chaire de saint Pierre et inaugurer la démagogie sanglante dans la capitale du monde chrétien. (Mouvement.)

« Pourquoi a-t-il conçu et exécuté l'attentat pour lequel vous allez le juger? Je n'ai pas à le rechercher; ce n'est pas le rôle de la justice : la police vigilante suit pas à pas, elle touche du doigt les instigateurs et les instruments de ces détestables complots. Moi, je suis l'homme de la loi; ce que je vois, c'est que c'est à Londres qu'il faut chercher la pensée du crime.

« Oui, c'est à Londres que les pistolets qui ont servi à le commettre ont été achetés; c'est de Londres que viennent la poudre, les balles et les amorces; de Londres où se trouvent beaucoup de réfugiés, qui abusent indignement de l'hospitalité qu'on leur donne, et y prêchent ouvertement les plus funestes doctrines de révolution et de sang.

« Veut-on que je montre celui qui a soufflé la pensée de ce crime? Non. Il me suffit de dire que Pianori est l'enfant de ses œuvres, qu'il a traduit par l'assassinat les doctrines régicides de son parti.

« Mais enfin, pourquoi Pianori veut-il tuer l'Empereur qu'il ne connaît pas? Est-ce parce qu'il a ruiné votre pays, comme vous le dites? Non pas. Quand vous avez quitté Faenza, qui vous poussait au pillage, à l'insurrection? Si vous étiez resté dans votre famille, vous soutenant et la soutenant par votre travail, que vous aurait donc fait la campagne de Rome? En quoi donc vous aurait nui l'intervention de l'Empereur, qui porte si haut le nom et le drapeau de la France?

« Non, ce n'est pas cela qui vous a fait agir. Ce qui vous froissait, c'était le Saint-Père rétabli au Vatican, c'était la démagogie italienne vaincue et chassée par nos armes.

« Voilà, messieurs, ce qui a froissé l'accusé; voilà ce qui en a fait un soldat dans les bandes de Garibaldi, un assassin de l'Empereur.

« Voulez-vous maintenant que je vous le montre en France? Là, vous le verrez absorbé dans ses pensées secrètes, les dissimulant, les nourrissant sans qu'une fibre de son visage trahisse ses pensées. Vous le verrez allant de débauche en débauche, de café en café, toujours oisif, le matin même du crime déjeunant chez une maîtresse et y buvant du vin pour s'exciter au crime qu'il a commis dans la soirée.

« Et il vient ici vous dire : « Je ne suis pas « né méchant. Chaque fois que j'étais témoin des « acclamations qui accueillaient l'Empereur, je « me sentais entraîné par ces acclamations. » Il m'a dit à moi : « J'admirais l'Empereur ; j'étais « frappé de ses grandes pensées et des grandes « choses qu'il a faites. »

« Puis tout à coup une excitation infernale, subite, a traversé son esprit : il a songé à l'Italie, à sa femme et à ses enfants, à leur misère. Sa tête s'exalte, il sort, et le crime est commis!

« Qui croira cela? Est-ce que cela est possible chez l'assassin, chez l'incendiaire, chez le sicaire italien que vous connaissez?

« Voilà, messieurs, ce que j'avais à vous dire.

« Je viens de développer rapidement ce qui constitue les nécessités de l'accusation. Elle est évidente, irréfutable; il n'y a point à la discuter. Le crime est flagrant, et l'accusé est convaincu avec ou sans ses aveux. Il faut maintenant une terrible, mais légitime expiation.

« Sachons, en effet, messieurs, défendre la société contre ses implacables ennemis. Sachons défendre, par les lois répressives, le pouvoir qui nous abrite et le souverain que nous avons acclamé, ramenant au milieu de nous la sécurité du présent et le droit de compter sur l'avenir. Au reste, les événements actuels semblent, comme d'eux-mêmes, faire un appel au bon sens et au patriotisme du pays. Voyez ce qui se passe autour de vous. Le duel séculaire entre les deux grandes nations, la France et l'Angleterre, est remplacé par la plus cordiale alliance. Mais l'esprit révolutionnaire s'indigne de cette immense garantie de force et de repos européen. Nos soldats, nos enfants portent haut le nom et l'Honneur de la France sur la terre d'Afrique et sur le sol de la Crimée. Mais l'esprit révolutionnaire ne voit, dans nos armées absentes, qu'une occasion nouvelle pour ses projets d'assassinat et de bouleversement. L'Empereur, — qui le nierait? — veut notre patrie puissante et honorée, marchant dans la voie de la modération et du bon droit, à la tête des peuples civilisés. Il veut que, par l'humanité, le travail et l'ordre, le sort des classes pauvres soit amélioré; et nul gouvernement au monde n'a plus que le sien l'amour sincère de ceux qui souffrent et la main ouverte pour soulager toutes les misères. Mais l'esprit révolutionnaire, qui se désole de la restauration de notre grandeur nationale, de la paix publique rétablie, de la justice et du calme rendus aux classes laborieuses ; l'esprit révolutionnaire ressuscite le régicide, et le voilà, armant la main d'un bandit italien contre la vie de l'Empereur, parce que l'Empereur est, aux yeux de tous, l'expression providentielle de l'ordre social.

« Eh bien, que la société se lève donc, indignée, contre le régicide et ceux qui l'enseignent ! Qu'elle dise honte et malheur à ces sicaires qui violent ainsi toutes les lois divines et humaines ! Tel est son devoir, s'il lui reste le sentiment d'elle-même, de sa dignité et de sa conservation.

« Je dis ces paroles, messieurs, du fond de mon cœur. Je les dis au nom de tous ceux qui croient encore à la famille, à la religion, à la moralité, au droit des personnes et des choses, à la destruction éternelle des gouvernements et des sociétés. Je dis ces paroles en leur nom, quels que soient leurs regrets, leurs affections, leurs espérances politiques ; car le régicide consommé serait l'avénement sanglant du génie du mal et le signal d'interminables ruines.

« C'est encore en leur nom, au nom du pays tout entier, que, revenant à l'expression du sentiment profond qui débordait dès mes premières paroles, je remercie la Providence d'avoir égaré le bras de l'assassin.

« Non, non ! le régicide ne réussira pas ; la vieille devise française et chrétienne est tou-

jours vivante : elle a sauvé, elle sauvera l'Empereur : « Dieu protége la France. »

« Messieurs les jurés, mon devoir est accompli ; le vôtre commence, et vous le remplirez
avec autant de conscience que de fermeté. »

L'énergique concision de ce réquisitoire produit la plus vive impression.

Me Benoist-Champy prend la parole pour Pianori, et s'exprime ainsi :

« Messieurs les jurés, la loi, dans sa sollicitude
pleine d'humanité, n'a pas voulu qu'un accusé,
quelle que fût la nature de l'accusation, fût traduit devant la justice criminelle sans l'assistance
d'un défenseur.

« C'est un devoir ; ce fut toujours un honneur
pour le barreau de ne pas faillir à cette mission,
souvent pénible ; mais, dans la circonstance actuelle, plus douloureuse que jamais pour moi,
nommé d'office et chargé inopinément de rem-
placer un de mes confrères malade.

« Que vous dirai-je ? Que peut la parole hu-
maine en présence d'un fait incontestable et in-
contesté ? Je dois refouler dans mon cœur le
sentiment d'énergique réprobation que m'inspire,
comme à la France tout entière, comme à tous
les honnêtes gens de toutes les opinions, l'acte
qui vous est déféré.

« Je le dois, puisque ma mission se borne à
faire un appel suprême à votre miséricorde.

« Je viens vous demander en quelques mots
de peser dans la balance de votre justice les élé-

ments de ce débat et les considérations qui ont pu frapper vos esprits et vos cœurs.

« Accepterez-vous tout ce qui a été produit et dit ici contre Pianori? Oublierez-vous ce mot d'un témoin : « Pianori était un ouvrier labo-« rieux et plein de douceur? » Ne vous rappellerez-vous pas qu'il est étranger à la France? Que, proscrit, exilé, il a laissé à Faenza une femme et deux enfants?

« N'oubliez pas, messieurs, une parole qu'il a dite ici, que vous avez peut-être mal entendue ou mal comprise, et sur laquelle je dois insister : il a exprimé le regret d'avoir commis l'acte qui lui est reproché.

« Ce repentir, avant de l'exprimer à l'audience, il l'avait manifesté à son défenseur avec une plus grande énergie. »

Le défenseur termine ainsi :

« Son repentir, voilà, messieurs les jurés, le plus grand titre de l'accusé à l'indulgence. C'est là ce qui donne à son défenseur un dernier espoir; car, si votre justice doit être inflexible, ses regrets seront peut-être entendus par celui-là qui peut seul, après vous, détourner le glaive de la loi. Peut-être trouveront-ils grâce à ses yeux? Peut-être, si de suprêmes et impérieuses nécessités n'enchaînent pas sa clémence, l'Empereur, dans sa bonté, dans sa grandeur d'âme, après avoir protégé, au moment de l'attentat, les jours de l'accusé contre l'indignation publique, voudra-t-il encore se venger par un magnanime pardon, et condamner celui que vous auriez déclaré coupable, au supplice d'un éternel remords et d'une reconnaissance sans bornes. »

Pianori fut condamné à la peine des parricides.

On espérait de lui des aveux sur ses complices; il n'en fit aucun.

Le 13 mai, à dix heures du soir, il fut transféré à la Roquette dans la cellule des condamnés à mort.

Pianori, qui avait entendu sa sentence sans sourciller et sans dire un mot, subit sa peine le 14 mai.

SES DERNIERS MOMENTS.

Le 14 mai, à trois heures du matin, un des substituts du procureur général fut introduit dans la cellule du condamné.

Pianori dormait; le gardien l'éveilla.

— C'est bon, dit-il, je suis prêt; que l'on fasse de moi ce que l'on voudra.

Il se lève et s'habille.

Le substitut l'adjure une dernière fois de nommer les instigateurs de son crime. Il refuse.

L'aumônier de la prison se présente : C'est inutile, je prierai bien seul, dit Pianori. » Néanmoins, ils causent ensemble pendant quelques instants.

Ils entrent au greffe où se fait la toilette des condamnés.

L'exécuteur s'empare de Pianori, coupe ses cheveux et lui fait revêtir une espèce de blouse blanche. Quand il jette sur sa tête le voile noir des parricides : « Je n'en veux pas, s'écrie Pianori, j'irai bien sans cela.» —« Il le faut, dit l'exécuteur. » Le voile noir est attaché.

Cinq heures du matin viennent de sonner.

La matinée est superbe.

Une foule immense encombre les environs de la place de la Roquette.

Un long frémissement parcourt soudain cette foule.

Pianori sort de la prison, pieds nus, voilé, entre deux aides de l'exécuteur.

Il gravit les marches de l'échafaud sans aucun effroi apparent.

Une fois sur la plate-forme, il se retourne, et, d'une voix ferme, il pousse en italien le cri de : « Vive la République ! »

L'exécuteur, serrant le voile sous son menton, paralyse sa voix. L'arrêt de condamnation est lu et le couteau tombe.

IV

Attentat de Pérenchies.

Dans le mois d'août de la même année, la Cour d'assises de Douai jugea l'affaire de la machine infernale placée sur le chemin de fer du Nord dans le but de faire sauter le convoi qui devait conduire l'Empereur aux fêtes de Tournai, le 12 septembre précédent.

La veille du jour indiqué pour le voyage impérial, deux cantonniers avaient découvert sur la voie de fer de Lille à Calais, à proximité de Pérenchies, sous la traverse reliant les deux lignes de rails, une boîte en forte tôle de fer dont le disque supérieur présentait deux petites ouvertures. L'une donnait passage à deux fils métalliques recouverts de coton, qui, de ce point de départ, suivaient la voie le long du rail pour aboutir dans un champ voisin, après un parcours d'environ 35 mètres. Ces fils communiquaient avec une pile de Bunzen.

Les experts chargés par la justice d'examiner la boîte fournirent les conclusions suivantes :

1º Le cylindre contient 2 kil. 407 gr. de fulminate de mercure, poudre essentiellement fulminante; 2° la pile de Bunzen est assez forte pour déterminer l'explosion au moyen de l'incandescence du fil de platine; 3° l'explosion eût entraîné la démolition de la voie de fer avec projection des rails; et, en admettant le passage simultané d'un train, un déraillement eût eu infailliblement lieu dans les conditions les plus désastreuses.

La justice avait en main les preuves d'un complot.

Les coupables furent activement recherchés et plusieurs d'entre eux arrêtés. Ils avouèrent que le crime était dirigé contre la vie de l'Empereur.

Les deux frères Jacquin, mécaniciens, accusés d'avoir fabriqué la machine et organisé le complot, se réfugièrent en Belgique.

Dussart, Cordelier, Desrummez, d'Hennin et Desquiens comparurent devant le jury, le 11 août 1855. D'Hennin et Desquiens furent condamnés, l'un aux travaux forcés à perpétuité, l'autre à 5 ans de prison; les trois premiers furent acquittés.

Le 22, la Cour procéda au jugement des contumaces et condamna les frères Jacquin et Constant Vandomme à la peine des parricides.

V

Attentat de Bellemare.

Le fait suivant est plutôt un accident qu'un attentat dans le sens politique du mot.

Le 8 septembre 1855, l''Empereur devait assister à la représentation du Théâtre-Italien.

Les deux côtés de la rue Méhul, qui conduit à la façade du théâtre, et le pourtour de la place étaient remplis d'une foule compacte.

Vers neuf heures arrive une voiture de la cour, attelée de quatre chevaux et conduite par deux jockeys à cheval.

Cette voiture était couverte. On crut qu'elle renfermait le souverain, et le cri de «Vive l'Empereur!» sortit de toutes les bouches.

Elle était occupée par trois dames d'honneur de l'Impératrice et par un chambellan de l'Empereur.

Elle traversa la place du théâtre et s'engagea dans la rue Marsollier, latérale au théâtre, où se trouve l'entrée particulière conduisant à la loge impériale.

Les *vivats* continuaient.

En ce moment un individu qui stationnait en face sur le trottoir décharge deux petits pistolets de poche sur la glace de la berline.

Le malheureux s'était mépris comme tout le monde.

Personne ne fut atteint.

Quelques minutes après, pendant que la foule, en proie à une vive émotion, remplissait encore la place et la rue, on vit s'avancer, entre deux piquets de cuirassiers de la garde, la voiture impériale.

On ne s'y trompa plus cette fois.

L'empereur fut accueilli par les acclamations les plus enthousiastes et les plus énergiques.

L'auteur de l'attentat avait été arrêté immédiatement.

C'était un jeune homme de vingt-deux ans, d'une constitution chétive et d'un aspect vulgaire.

Il se nommait Bellemare. Il était né à Rouen.

Son langage, son attitude après son arrestation et pendant son interrogatoire dénotèrent de suite, ainsi que le dit le *Moniteur* du 9 septembre, «un maniaque bien plus qu'un assassin.»

La procédure justifia pleinement cette qualification.

Cet homme n'était l'instrument d'aucun parti; il n'avait ni la conscience de son action, ni le sentiment de sa situation.

Aussi, sur le réquisitoire conforme du procureur impérial, le Tribunal déclara, le 14 du mois suivant, « n'y avoir lieu à suivre, sauf à l'administration le soin de prendre les mesures nécessaires pour que l'ordre public ne soit plus mis en péril par cet insensé. »

Bellemare fut enfermé à Bicêtre.

VI

Complot Tibaldi.

L'immixtion de M. Ledru-Rollin dans cette affaire, les questions incidentes soulevées par la presse au sujet de la rentrée en France de l'ancien chef de la Montagne, lui donnent un regain d'actualité qui en fait le principal intérêt.

Le 13 juin 1857, la police, dûment avertie, arrêtait à son domicile, rue de Ménilmontant, n° 122, un ouvrier opticien, nommé Paolo Tibaldi.

Comme pièces de conviction, on trouvait dans son portefeuille l'adresse du brasseur Stamfield, de Londres, et chez l'une de ses voisines une caisse fermée que celle-ci dit appartenir à Tibaldi.

Cette caisse contenait cinq poignards de fabrication anglaise, quatorze pistolets de poche à deux coups, un pistolet d'arçon de cavalerie à deux canons superposés, un pistolet revolver à cinq coups, deux moules à balles et deux boîtes de capsules.

La police procédait en même temps à l'arrestation de deux autres Italiens, Bartolotti et Grilli, logés rue du Faubourg-Saint-Denis, 82.

Chez Bartolotti, on découvrit une lettre de Massarenti, l'ami de Mazzini.

A raison de ces faits, les trois individus arrêtés furent renvoyés devant la cour d'assises de la Seine, comme accusés « d'avoir, par une résolution d'agir concertée et arrêtée entre eux, formé un complot ayant pour but un attentat contre la vie de l'Empereur, ledit complot ayant été suivi d'un acte commis ou commencé pour en préparer l'exécution. »

Giuseppe Mazzini, Alexandre-Auguste Ledru-Rollin, Gaëtano Massarenti et Frederico Campanella étaient compris dans les mêmes poursuites.

A l'audience, Tibaldi se renferma dans un système de dénégation absolue.

Quant à Grilli et Bartolotti, ils firent des aveux.

Plusieurs lettres saisies chez Tibaldi étaient écrites dans un langage connu que l'on déchiffra de suite : *guérir le malade* voulait dire assassiner l'Empereur, *mon oncle* désignait Mazzini, *Drou-Rolline* Ledru-Rollin, *Giù* était la signature de Mazzini.

Tibaldi fut condamné à la déportation; Bartolotti et Grilli à quinze ans de réclusion.

Tibaldi est aujourd'hui en Angleterre.

Voici maintenant les charges relevées contre Ledru-Rollin :

« Un soir, dit Bartolotti dans son interrogatoire, j'étais à York; M. Massarenti m'a proposé d'aller à Londres parler à Mazzini; il a payé mon voyage; nous sommes allés chez Mazzini, *qui est un homme maigre*. Il était avec un Français *gros*, à qui Mazzini dit, quand il partit : « *Buena sera, Drou-Rollin* (Bonsoir, Ledru-« Rollin) ! »

On demande ensuite à ce Bartolotti ce que se dirent entre eux le maigre Mazzini et le gras *Drou-Rollin*.

— Le Français partit peu après mon arrivée, répond-il.

— Fut-il question devant lui, continue le président, des projets dont on vous a parlé ensuite ?

— *Non, monsieur.*

Vient ensuite M. Alphonse Géraux, condamné

à quatre années d'emprisonnement pour société secrète.

Il raconte que, vers la fin de 1852, il vit, à Londres, Ledru-Rollin, qui le *chargea* de remettre 500 francs à un individu *qu'il devait trouver sur la place de la Madeleine*, et qui devait *lui* dire : *Je me nomme Beaumont*.

— C'est ce qui a eu lieu, ajoute le témoin.

Après le témoignage du sieur Géraux, le président prend la parole en ces termes :

« En 1853, un sieur Kelsch a été poursuivi pour un fait de même nature que celui dont il s'agit aujourd'hui. Il déclara avoir reçu de Londres 500 francs; qu'il voulait tuer l'Empereur, mais que la réflexion l'avait fait renoncer à ce projet. Il a dit ceci : « Il faut savoir ce que « c'est que l'exil; on ne sait rien de ce qui se « passe en France. Je croyais l'Empire impos- « sible, mais quand j'ai vu ce qui se passait ici, « j'ai changé d'idée. Il y a dans l'exil une foule « d'hommes de cœur qui changeraient aussi « d'idées s'ils connaissaient la vérité. »

Le 2 septembre suivant, en vertu des charges ci-dessus énoncées, Mazzini, Ledru-Rollin, Massarenti et Campanella furent condamnés par la cour d'assises de la Seine à la peine de la déportation.

Ledru-Rollin protesta contre sa condamnation; il offrit de se faire juger par un jury anglais.

VII

Attentat d'Orsini.

Le 14 janvier 1858 l'Opéra donnait une représentation bénéficiaire.

L'Empereur et l'Impératrice devaient y assister.

Aussi la façade avait été brillamment illuminée, et de bonne heure les boulevards, la rue Le Peletier étaient encombrés d'une foule compacte que les agents avaient peine à faire ranger.

Les deux premières voitures de la Cour, qui contenaient le service d'honneur, avaient déjà dépassé le péristyle du théâtre, suivies d'une escorte de lanciers de la garde impériale.

La voiture où se trouvaient l'Empereur, l'Impératrice et le général Roguet, était parvenue à la hauteur de l'entrée principale, quand trois explosions successives, comparables à des coups de canon, éclatèrent à quelques secondes d'intervalle; la première en avant de la voiture impériale et au dernier rang de l'escorte des lanciers; la seconde, plus près de la voiture et un peu à gauche la troisième; sous la voiture même de Leurs Majestés.

Un attentat venait d'être commis.

Ce fut un moment terrible.

Chez tous les Parisiens qui ont assisté à cette soirée lugubre, le souvenir de ces quelques minutes d'angoisse ne sortira jamais de la mémoire.

Les nombreux becs de gaz illuminant la façade du théâtre avaient été éteints par le seul effet de la commotion : les vitres du péristyle, celles des maisons voisines avaient toutes volé en éclats.

Le premier moment de stupeur passé, on donna de la lumière, et le danger couru se révéla tout entier.

Sur les murs, sur le pavé, on remarquait des traces profondes laissées par des projectiles de teutes formes et de toutes grosseurs. La vaste marquise qui protége l'entrée du théâtre avait été perforée en plusieurs endroits.

La voiture impériale, littéralement criblée de projectiles, était venue s'échouer sur le trottoir, à demi couchée sur le flanc ; des deux chevaux composant l'attelage, l'un avait eu la moitié de la tête emportée et était mort sur le coup, l'autre était grièvement blessé.

L'Empereur et l'Impératrice ne sont descendus de voiture qu'après la dernière explosion. Ils n'avaient cessé d'être calmes et se montraient surtout préoccupés des secours à donner aux victimes.

Sur le sol jonché de débris et inondé de sang gisaient, en effet, de nombreux blessés, dont plusieurs mortellement frappés.

Les constatations judiciaires, certainement encore inférieures à la vérité, ont établi que 156 personnes avaient été atteintes, et le nombre des blessures également constatées par l'expertise médicale ne s'éleva pas à moins de 511.

Dans cette longue liste de victimes, on remarquait 21 femmes, 11 enfants, 13 lanciers, 11 gardes de Paris et 31 agents ou préposés de la préfecture de police.

Il faut ajouter, pour compléter le tableau que présentait à ce moment la rue Le Peletier, qu'indépendamment des deux chevaux de l'attelage impérial, vingt-quatre chevaux de lanciers ont été frappés, parmi lesquels deux sont morts sur la place et trois autres ont succombé le lendemain.

Au bruit de l'explosion, les voitures de l'Empereur avaient été immédiatement entourées par les gens de sa maison.

Le brigadier Alessandri, — celui-là même qui avait arrêté le bras de Pianori, en 1855; — le commissaire de police M. Lanet, le chambellan

S. M. L'Impératrice Eugénie.

comte Bacciochi, les directeurs de l'Opéra, MM.
Gustave Vaëz et Alphonse Royer.

L'Empereur, nous l'avons dit, était descendu
de voiture avec le plus grand sang-froid du
monde, complétement maître de lui-même et
sans laisser percer sur sa figure aucune trace
d'émotion. L'Impératrice était tout aussi calme,
mais avec cette pointe d'exaltation qu'éveille
chez les natures méridionales l'approche et le sentiment du péril.

Elle n'avait pas eu la moindre égratignure.

Quant à l'Empereur, son chapeau avait été
troué par un projectile, et il avait au nez une lé-
gère éraflure.

Il dut peut-être la vie à la circonstance suivante :

Au moment où la voiture entrait dans la rue
Le Peletier, S. M. causait avec le général Roguet placé sur le devant. L'Empereur, qui ne
pouvait entendre que difficilement la réponse du
général, à cause des acclamations qui retentis-
saient de toutes parts, se pencha vers le général Roguet en baissant la tête... C'est en ce
moment que l'explosion se fit entendre et que
les projectiles, pénétrant dans la voiture, l'un
d'eux blessa le général à la tête, tandis qu'un
autre frappait le chapeau de l'Empereur.

L'Empereur et l'Impératrice furent accueillis, à leur entrée dans la salle de l'Opéra, par le plus vif enthousiasme.

A minuit, lors de leur retour aux Tuileries, les boulevards avaient été spontanément illuminés, et une foule considérable fit entendre sur leur passage les acclamations les plus enthousiastes et les plus touchantes.

Parmi les personnes dont le dévoûment en ces terribles instants a-été le plus remarqué, il faut citer le brigadier Alessandri.

Le jeudi soir, il se tenait près de la portière de la voiture impériale, lorsqu'éclata la première bombe. Alessandri se précipite, écarte la foule qui encombrait la voie publique; puis, les deux autres explosions ayant eu lieu, il aperçoit, se glissant à travers les groupes, un individu aux allures suspectes : il devine un assassin, s'élance sur lui et l'arrête. Cet homme était armé d'un revolver.

C'est Alessandri qui a ouvert la portière de la voiture impériale en priant l'Impératrice de descendre. Quand Sa Màjesté fut descendue, le fidèle agent s'aperçut qu'il était blessé en trois endroits, notamment à la tête.

L'Impératrice ordonna, d'un ton bienveillant, à Alessandri, de se retirer pour se faire panser. Cet homme courageux s'éloigna un instant;

mais, quelques moments après, on le retrouvait dans un vestibule, veillant avec soin, et il resta jusqu'à la fin du spectacle.

Le lendemain on lisait dans le *Moniteur :*

« L'attentat dont tout Paris frémit encore, et qui soulèvera le monde entier, semble être le résultat d'un vaste complot tramé à l'étranger. En effet, le gouvernement recevait de Jersey, dès le mois de juin dernier, les renseignements suivants :

« Le complot consiste dans la fabrication de grenades fulminantes inventées par... Elles sont d'une puissance inconnue jusqu'à présent, et sont destinées à être jetées sous la voiture de Sa Majesté Impériale, où leur simple choc contre le pavé déterminera leur explosion et la destruction de la voiture. »

« D'un autre côté, un nouveau manifeste de Mazzini paraissait, le 9 janvier 1858, dans le journal de Gênes *Italia del Popolo.*

« Enfin, des rapports récemment parvenus de Londres à l'administration française portaient ce qui suit :

« Un nommé Pieri, originaire de Florence, ancien chef dans la légion italienne, vient de quitter l'Angleterre dans le but de mettre à exécution un complot tramé contre la vie de l'Empereur. Cet Italien est un homme de quarante à quarante-cinq ans, petit, maigre, brun, au teint maladif, parlant assez mal le français et avec un accent italien très-prononcé ; il parle très-bien l'anglais. C'est un individu violent, méchant,

très-déterminé, et qui a fui son pays à la suite
de meurtres, entre autres celui d'un prêtre.
Avant de quitter l'Angleterre, Piéri avait eu
plusieurs entretiens avec les réfugiés français à
Londres.

« Un rapport postérieur mentionne « que
Piéri a passé par Bruxelles, où il a vu plusieurs
réfugiés. il s'est dirigé sur Paris en passant par
Lille, accompagné d'un homme âgé qu'il a pris à
Bruxelles, et portant avec lui une machine en
fonte creuse, faite d'après le système Jacquin.
On remarque, du reste, que cet individu voyage
dans les voitures de première classe, descend
dans les meilleurs hôtels et paraît avoir de l'argent.

« Ce même Piéri, dont le signalement était
entre les mains des agents de l'autorité, a été
arrêté hier soir, près de l'Opéra, quelques minutes avant l'attentat. Il était porteur d'une
grenade fulminante, d'un pistolet revolver et
d'un poignard. Malheureusement, ses complices
étaient déjà à l'œuvre, et il n'a pas été possible
de prévenir leur coupable dessein. »

Poursuivons avec l'acte d'accusation :

« Une autre bombe fulminante, exactement
semblable à celle saisie sur Piéri, a été ramassée, après l'attentat, par le nommé Villaume, à
l'angle des rues Le Peletier et Rossini, dans le
ruisseau près du trottoir, à côté d'une traînée
de sang d'environ deux mètres de longueur.
Quelques instants plus tard, le sieur Quinette,

brigadier de sergents de ville, trouvait un peu plus loin, dans la rue Rossini, presque au coin de la rue Laffitte, un pistolet revolver à six coups chargé et amorcé, dont la sous-garde portait une tache de sang. Ces deux pièces de conviction, remises immédiatement à un officier de paix, puis, par ce dernier, à un commissaire de police, ont été déposées d'abord dans une armoire fermée dépendant du cabinet médical du théâtre de l'Opéra, et renvoyées le soir même à la Préfecture de police.

« Cependant, et dès les premiers instants, les recherches les plus actives avaient été ordonnées dans les maisons situées rue Le Peletier, en face du théâtre. Là, se trouve notamment le restaurant Broggi. Un jeune homme paraissant étranger s'y était réfugié. Le trouble extrême auquel il était en proie, quelques paroles mêlées de pleurs où il était question de son maître, attirèrent l'attention et bientôt les soupçons sur cet individu. On l'arrêta. Aux premières questions qu'on lui adressa, il répondit qu'il se nommait Swiney et qu'il était domestique au service d'un Anglais. Dans la soirée même, un pistolet revolver à cinq coups, chargés et amorcés, était découvert par le témoin Diot, garçon de salle, sous une étagère, dans le restaurant Broggi. Il est utile d'ajouter, dès à présent, comme un fait établi par l'information, que c'était le prévenu Swiney qui avait caché ce pistolet revolver dans l'endroit indiqué.

« A une heure du matin, un commissaire de de police, se présenta à l'hôtel de France et Champagne, rue Montmartre, 132, où Piéri avait déclaré qu'il demeurait avec un autre individu. Là, dans une chambre à deux lits, on trouva un jeune homme couché, à moitié habillé, qui déclara se nommer Da Silva. Il était porteur d'un passeport à ce nom, délivré à Londres le 6 janvier 1858, par le consul général de Portugal, et visé dans la même ville pour la France, le 7 janvier, par le consul de France.

« Le prétendu Da Silva était bien le compagnon de chambre avec qui Piéri avait déclaré qu'il demeurait à l'hôtel de France et Champagne. Piéri lui-même s'était fait inscrire au livre de police de cet hôtel sous le nom d'Andréas ; mais, dans un sac de nuit qui lui appartenait, on saisit un passeport en langue allemande délivré à Dusseldorf (Prusse) le 8 février 1856, à Joseph-Andréas Piérey, pour se rendre en Angleterre, et revêtu de trois visas dont le dernier avait été donné à Birmingham pour la Belgique, le 2 janvier 1858, par le consul général de Belgique. A la seule inspection de ce passeport, il était facile de reconnaître qu'il avait subi une altération, et que le nom de Piéri, originairement écrit, avait été converti en celui de Piérey. On découvrit, en outre, dans une commode fermée à clé, dont Il fallut forcer la serrure, un petit poignard, un pistolet revolver à cinq coups, chargés et amorcés, et une somme de 275 fr., dont 270 fr. en or. Enfin, il fut constaté, par les déclarations de l'hôtel, conformes d'ailleurs aux mentions inscrites sur le livre de police, qu'Andréas Piéri était entré à l'hôtel de France et Champagne, le 7 janvier, en compagnie d'un nommé Swiney, et que le 12 janvier Swiney avait été remplacé par Da Silva.

« Le seul rapprochement de ces noms de Piéri et de Swiney aurait suffi pour montrer à la justice qu'elle était dans la voie de la vérité.

« Le soi-disant Swiney, questionné, après son arrestation, sur le lieu de sa demeure, avait indiqué l'hôtel de Saxe-Cobourg, rue Saint-Honoré, 223. Un commissaire de police fut chargé de s'y transporter dans la nuit même, à deux heures et demie du matin; il y trouva couché dans le lit de Swiney une fille Ménager qui fut arrêtée mais relaxée plus tard par suite d'une ordonnance de non-lieu. Les recherches faites dans la chambre ont amené la saisie d'un passeport au nom de Swiney (Peter Bryan) délivré à Londres pour Paris, le 24 avril 1857, par le

6

consul général de France. Le prisonnier, présent à la perquisition, fut fouillé et trouvé porteur d'une somme de 267 fr. On constata qu'il était entré à l'hôtel de Saxe-Cobourg le 12 janvier, c'est-à-dire le même jour où Da Sylva avait pris sa place à l'hôtel de France et Champagne, et qu'il avait été amené par le concierge de la maison rue Monthabor, 10, comme étant le domestique d'un locataire de cette dernière maison. Invité à faire connaître le nom de son maître, le prétendu Swiney répondit que son maître se nommait Allsop, et qu'il le servait depuis un mois.

« Sans aucun retard, le commissaire de police qui avait procédé à l'hôtel de Saxe-Cobourg, se rendit rue Monthabor, 10, au domicile de l'individu désigné sous le nom d'Allsop. Il le trouva couché ayant à la tête une blessure sans gravité, mais qui avait dû saigner abondamment. Le prétendu Allsop déclara qu'il était Anglais et qu'il faisait le commerce de bière. On saisit en sa possession :

« 1º Un passeport au nom de Thomas Allsop, délivré à Londres, le 15 août 1851, signé Palmerston, et revêtu de nombreux *visas*; les deux derniers donnés à Londres, savoir : 1º pour la Belgique, le 24 novembre 1857, par le vice-consul de Belgique ; 2º pour la France, le 28 novembre 1857, par le consul général de France ;

« 2° Une carte de visite portant le nom de Thomas Allsop ;

« 3° Une somme de 8,125 fr. composée de 500 fr. en or de France et de 7,625 fr. en bank-notes.

« Dans la matinée du lendemain 15 janvier, une nouvelle perquisition a fait découvrir, dans une écurie dépendant de la maison, un cheval dont le soi-disant Allsop était propriétaire.

« Ainsi, en quelques heures seulement, on avait pu opérer l'arrestation de quatre individus que l'information ultérieure a bientôt convaincus d'être les auteurs directs de l'attentat qui venait d'épouvanter Paris. La justice n'a pas tardé non plus longtemps à dépouiller ces quatre accusés des faux noms sous lesquels ils avaient voulu se cacher et à obtenir d'eux-mêmes l'aveu de leur véritable individualité.

« Dès le premier moment, on avait reconnu Joseph-André Piéri, âgé de cinquante ans, né à Lucques, en Toscane.

« Le faux Allsop a dû avouer, à son tour, qu'il était Félix Orsini, âgé de trente-neuf ans, né à Meldola, Etats romains.

« Le prétendu Swiney n'était autre que Antoine Gomez, âgé de vingt-neuf ans, né à Naples.

« Enfin, Da Silva a été obligé de reprendre son nom de Charles de Rudio, âgé de vingt-cinq ans, né à Bellune, Etats vénitiens.

« L'arrestation des personnes avait été accompagnée, comme on l'a vu, de la saisie des instruments du crime et particulièrement de deux bombes fulminantes semblables, suivant toute apparence, à celles dont il venait d'être fait un si terrible usage.

« Des experts commis par la justice ont été chargés de procéder à l'examen de la bombe saisie entre les mains de Piéri, ainsi que des quatre pistolets revolvers dont il a été parlé précédemment. Trois de ces pistolets sont de fabrication anglaise; un seul (celui trouvé au restaurant Broggi) sort de la fabrique de Liége. Enfin, tous quatre étaient chargés de balles coniques et garnis de capsules fabriquées en Angleterre. Les experts Devisme et Carron d'une part, de l'autre M. le chef d'escadron d'artillerie Pivet, ont constaté, par des vérifications attentives et par des expériences réitérées, la puissance meurtrière de la bombe qui leur a été soumise. Cette bombe consiste en un cylindre creux en fonte commune et très-cassante, composée de deux parties réunies par un pas de vis pratiqué dans l'épaisseur des parois. Sa hauteur totale est de 9 centimètres 5 millimètres; son diamètre, en largeur, est de 7 centimètres 3 millimètres; la partie inférieure est armée de vingt-cinq cheminées garnies de capsules traversant toute l'épaisseur des parois et disposées de manière à faire converger le feu des capsules sur la charge placée dans l'intérieur. Les parois ont une épaisseur inégale plus grande dans la partie inférieure, où elle s'élève jusqu'à 3 centimètres, beaucoup moindre dans la partie supérieure, où elle s'abaisse jusqu'à 5 millimètres seulement; de telle sorte que le projectile se retourne de lui-même dans sa chute et retombe nécessairement du côté le plus lourd sur les capsules destinées à provoquer l'explosion. A la partie supérieure il existe un trou pratiqué pour introduire la charge, et hermétiquement fermé par une vis de deux centimètres d'épaisseur; la capacité inférieure est de 120 centimètres cubes. On en a extrait une substance d'un blanc légèrement jaunâtre, fine, cristalline, lourde, et qui a été reconnue pour être du fulminate de mercure pur et sans mélange. La quantité extraite formant la charge du projectile était de 130 centigrammes au moins, occupant 84 centimètres cubes, c'est-à-dire plus des deux tiers de la capacité intérieure. Le poids de la bombe non chargée est d'un kilogramme 377 grammes ; par conséquent, avec la charge, le poids s'élevait à plus d'un kilogramme et demi. Après avoir retiré la charge et replacé les capsules sur les cheminées, les experts ont à plusieurs reprises laissé tomber le projectile sur un sol carrelé de la hauteur de 50 centimètres seulement ; à chaque fois, il y a eu explosion d'une ou de plusieurs des capsules. Il l'ont lancé ensuite, à hauteur de ceinture, à cinq ou six mètres en avant, et toujours la chute a déterminé l'inflammation des capsules.

« A ces détails, qui se rapportent spécialement à la bombe saisie sur Piéri, il convient d'ajouter (ce qui sera établi plus tard par les aveux mêmes de Gomez et de Rudio) que deux des trois bombes lancées contre l'Empereur étaient plus grosses que les autres. Enfin, plusieurs des fragments qui ont causé tant de ravages ont pu être représentés aux experts ; un de ces fragments, extrait du corps d'un cheval, pesait un hectogramme... « Leur seul aspect, « ont dit les experts, suffit pour convaincre de « l'effet meurtrier qu'ils peuvent produire. »

« L'atrocité du crime avait révélé d'avance dans ses auteurs l'exaltation sauvage des démagogues en révolte contre toutes les lois. L'instruction n'a fait que confirmer, sous ce rapport, ce qui était dans le sentiment de tous.

« Orsini est depuis longtemps mêlé aux entreprises du parti anarchique. Après avoir été signalé comme un émissaire de Mazzini, il a rompu ou fait semblant de rompre avec lui. Condamné, en février 1845, aux galères à vie par le Tribunal suprême de Rome, pour conspiration et complot contre le gouvernement pontifical, il fut amnistié le 13 juillet 1846. Au mois de mai 1847, il a été expulsé de Toscane pour violences et menées anarchiques. En 1849, on le retrouve député à l'assemblée constituante romaine. Nommé commissaire extraordinaire à Ancône, puis à Ascoli, il se livre à des excès qui, plus tard, au mois d'avril 1853, ont motivé sa condamnation par contumace prononcée par le Tribunal suprême de Rome, pour vols qualifiés, avec violences, et pour concussion et usurpation d'autorité. La restauration du gouvernement pontifical l'ayant obligé de prendre la fuite, c'est à Londres d'abord qu'il a cherché un refuge; il a parcouru ensuite le Piémont, la Suisse, la Lombardie, nouant partout des intrigues révolutionnaires, voyageant avec de faux passeports et se cachant sous le nom de Tito Celsi. En 1855, il est arrêté à Vienne sous le nom d'Herwag. On le soupçonnait d'avoir atten-

té à la vie de l'empereur d'Autriche. Emprisonné à Mantoue et traduit devant la Cour spéciale
pour crime de haute trahison, il parvient à s'é-
vader dans la nuit du 29 au 30 mars 1856. Trois
mois plus tard, il reparaît à Marseille et s'y
embarque pour Gênes le 30 juin 1856. Enfin il
retourne à Londres, où il paraît avoir résidé
ordinairement depuis cette époque.

« Piéri a été condamné une première fois à
un an de prison et 100 livres d'amende, pour vol,
le 7 mai 1830, par la rote correctionnelle du du-
ché de Lucques. Poursuivi de nouveau pour vol,
en 1833, il passa en France, et s'y présenta comme
un réfugié politique. Marié à Lyon, en 1834, il
a successivement habité Lyon, Avignon et Paris,
où il a exercé l'industrie de fabricant de cas-
quettes. Sa femme a été entendue dans l'instruction ; elle dépose qu'après avoir passé quelques
années avec lui, elle a été obligée de le quitter
pour se soustraire à ses mauvais traitements. En
1843, Piéri a servi en Afrique, dans la légion
étrangère. Plus tard, il a pris du service en Toscane, et a même occupé le grade de major dans
les Bersaglieri. Mais ayant abusé de ce grade
pour commettre des exactions, des violences à la
faveur des troubles politiques, il a été destitué
en 1849, sur un rapport du conseil des ministres
de Toscane. Revenu en France après cette des-

titution, il en a été expulsé en 1852, et c'est alors qu'il a cherché définitivement un refuge en Angleterre. De Birmingham, où il s'était fait professeur de langues, il est allé à Dusseldorf, au mois d'août 1855, mais son absence n'a duré que quelques mois, et il a reparu à Birmingham en février 1856.

« L'information constate l'existence de rapports assez fréquents entre Piéri et Orsini, particulièremont dans l'année 1857. Une ancienne domestique de Piéri, la fille Hartmann, déclare que, dans les premiers mois de cette année, elle a vu trois fois Orsini venir de Londres à Birmingham pour voir son maître, et qu'une fois, entre autres, il a dîné chez ce dernier.

« C'est aussi en Angleterre que Piéri et Orsini on lié, ou renouvelé connaissance avec Gomez et de Rudio.

« Gomez, après avoir servi en Algérie dans la légion étrangère, depuis le mois de mai 1853 jusqu'au mois de juin 1855, s'est fait condamner à Marseille, le 7 décembre 1855, à six mois de prison et 25 francs d'amende pour abus de confiance. L'époque de son départ pour l'Angleterre n'a pas été exactement précisée ; mais il est certain qu'il y était depuis longtemps, lorsqu'ont eu lieu les premiers préparatifs de l'attentat.

« Charles de Rudio paraît appartenir à une

famille notable, mais abaissée par le désordre plus encore que par la pauvreté. Son père et sa sœur ont été poursuivis pour complots politiques; son frère a subi une condamnation pour faux témoignages ; lui-même a mené, depuis plusieurs années, une vie errante. Après avoir été compromis dans les troubles politiques de l'Italie, il a disparu aux yeux de la police intéressée à le surveiller. Il était en Angleterre le 1er avril 1856 ; car, à cette date, il écrivait de Londres à sa famille une lettre qui est jointe à la procédure; mais depuis, le bruit de sa mort s'était répandu, et lui-même, dit-on, avait fait en sorte d'accréditer ce bruit, si bien que ses propres parents y avaient ajouté foi.

« De Rudio, non plus que Gomez, ne saurait nier ses relations antérieures avec Piéri et Orsini. Il reconnaît avoir rencontré ce dernier au café Suisse Teach, Bow-Street, à Londres, c'est-à-dire dans un lieu signalé comme servant de rendez-vous aux réfugiés les plus dangereux.

« Un cinquième individu, l'accusé Bernard, est un des habitués les plus assidus du café Suisse de Londres. Simon-François Bernard est né à Carcassonne ; d'abord chirurgien de marine, puis rédacteur de *l'Indépendant* des Pyrénées-Orientales, à Perpignan, il se trouvait à Barcelone lorsque éclata la révolution de 1848. Dès le mois de mars de cette année, on le vit accourir à Paris, et bientôt ses discours exaltés dans les clubs lui faisaient donner le nom de *Clubiste*, sous lequel il est encore connu. Il a été condamné pour délits politiques, par la Cour d'assises de la Seine, le 9 janvier 1849, à un mois de prison et 100 francs d'amende ; le 22 du même mois, à un an de prison et 500 fr. d'amende. C'est pour se soustraire à l'exécution de ces condamnations qu'il a quitté la France. Il s'est rendu d'abord en Belgique, puis à Cologne, puis en Angleterre. On a constaté sa présence à Dresde au mois d'août 1853 ; enfin, il paraît s'être fixé à Londres depuis plusieurs années.

« Les dernières déclarations faites dans l'instruction par les accusés présents, sous le poids des preuves accumulées contre eux, permettent de marquer l'origine et de suivre les développements du complot qui les a conduits à l'attentat du 14 janvier. Orsini lui-même explique que c'est au commencement de l'année 1857 qu'il a été question entre Piéri et lui d'assassiner l'Empereur.

« Ce projet a été communiqué par eux à Bernard et à l'Anglais Allsop. Quelques ouvertures auraient même été faites à un Italien nommé Carlotti.

« Au mois de juin 1857, Gomez, passant à

Birmingham, est allé voir Piéri et en a reçu une lettre de recommandation pour Orsini, qui alors était à Londres. En admettant, comme l'affirme Gomez, qu'il avait vu Orsini pour la première fois en cette circonstance, on ne saurait douter que cette recommandation, donnée par Piéri, ne se rattachât aux projets d'attentat déjà conçus.

« Dans le courant d'octobre 1857, Gomez ayant rencontré Orsini et Bernard dans une rue de Londres, le premier l'invita à venir le trouver le lendemain chez lui, Grafton-street, n° 2. « Dans cette visite, a dit Gomez, Orsini lui « fit remarquer que le *prophète* (c'est ainsi qu'il « appelait Mazzini), perdait toutes ses forces, et « que ses entreprises n'aboutissaient qu'à faire « fusiller des hommes inutilement. Puis il lui « proposa de s'associer au plan que lui-même « avait formé pour opérer un soulèvement en « Italie. »

« Dès cette époque, on commençait à s'occuper de la fabrication des bombes destinées à tuer l'Empereur. Orsini en avait fait exécuter le modèle en bois par un tourneur ; mais sa qualité d'étranger pouvait l'empêcher de trouver en Angleterre un fabricant qui consentît à lui donner son concours. En conséquence, ce fut l'Anglais Alsopp qui se chargea de ce soin ; Alsopp s'adressa au sieur Taylor, ingénieur mécanicien à Birmingham. Sous la dictée d'Orsini, Bernard écrivit une note contenant des instructions pour le sieur Taylor. Cette note, qui porte la date du 16 octobre 1857, est jointe à la procédure, et les détails qu'elle renferme concordent exactement avec la description déjà donnée des bombes qui ont servi à l'attentat. Quatre lettres écrites par Alsopp ont été adressées au sieur Taylor pour presser la fabrication de ce qu'il appelait des modèles. Elles sont datées de l'hôtel Ginger, où demeurait Alsopp à Londres, les 17, 19, 21 et 23 novembre 1857. Enfin, par une dernière lettre à la date du 28 novembre, jointe au dossier comme les précédentes, Alsopp a fait parvenir au sieur Taylor un mandat de la poste de 2 liv. 6 sh. 6 p. pour le prix du travail exécuté.

« Cependant Gomez ayant paru donner quelque sujet de défiance aux chefs du complot, Orsini l'avait envoyé à Birmingham, où Piéri devait le surveiller. C'est de là que, à la date du 3 novembre 1857, il a écrit à Orsini une lettre où il proteste de son dévouement et dont les termes, quoique enveloppés de certains déguisements, montrent assez qu'il avait pleine connaissance de ce qu'il s'agissait de faire. « Maintenant, di-« sait-il, je viens demander à votre seigneurie si « elle me croit suffisamment digne de sa con-« fiance pour remplir la mission dont elle m'aura

« chargé. Le sieur Orsini sait bien que je ne suis
« pas porté à faire les choses par intérêt. Ce
« n'est pas l'argent qui me fait parler, mais bien
« le sentiment et l'amour que j'ai toujours porté
« et que je porte à la patrie commune. »

« L'accusé de Rudio ne s'est pas moins spontanément offert pour concourir aux desseins de ses
coaccusés. Il a expliqué lui-même que, dans le
mois de novembre 1857, le nommé Carlotti lui
avait demandé son adresse de la part d'Orsini,
parce que ce dernier pourrait avoir besoin de
lui. Plusieurs semaines s'étant écoulées sans que
cette communication eût reçu d'autres suites, de
Rudio adressa à Orsini, qu'il croyait alors à Birmingham, une lettre qui fut ouverte par Piéri,
lequel se chargea aussi d'y répondre. La réponse
de Piéri, parvenue à de Rudio le jour de Noël,
l'engageait à prendre patience et lui annonçait
la visite *d'un monsieur qui passerait chez lui.*

« De Rudio écrivit alors, le 29 décembre, une
nouvelle lettre dans laquelle, pour inspirer sans
doute plus de confiance, il invitait Piéri à se tenir en garde contre Carlotti et contre un autre
Italien nommé Riazzi. Il y parlait aussi de sol-
licitations dont il était l'objet de la part d'une
entreprise rivale, et le sens de ses paroles a été
plus tard indiqué par lui dans l'instruction :
« J'entendais par là, a-t-il dit, Mazzini et ses

« amis. J'avais vu, en effet, Massarenti et d'au-
« tres mazziniens bien connus venir tourner au-
« tour de moi. »

« Au moment où cette correspondance était
échangée entre Piéri et de Rudio, Orsini, sous le
faux nom d'Allsop, avait déjà quitté l'Angleterre
pour se rendre à Paris. Il avait fait viser à Londres le passe-port de Thomas Allsop, le 24 novembre 1857, pour la Belgique, et, le 28 du
même mois, pour la France. Le 29, il venait
s'installer, à Bruxelles, à l'hôtel de l'Europe,
place Royale, 1.

« Quelques jours plus tard, Bernard arrivait
aussi à Bruxelles avec un passe-port pour la Belgique, délivré le 7 décembre par le consul général de France à Londres. C'était lui qui s'était
réservé le soin de faire parvenir à Bruxelles les
bombes fabriquées par le sieur Taylor. Pour
cela, il avait eu recours au sieur Joseph Giorgi,
dont le frère tient le café Suisse à Londres, et
qui avait à se rendre à Bruxelles pour y être
employé dans un café portant aussi le nom de
café Suisse, place de la Monnaie, 6. Le sieur
Joseph Giorgi est entré en Belgique par Ostende
le 6 décembre 1857. A son départ de Londres,
Bernard lui a remis dix demi-bombes en fonte
(c'est-à-dire cinq bombes divisées en dix morceaux), en lui disant que c'étaient des appareils

d'invention nouvelle pour le gaz, et qu'un Anglais habitant la ville de Liége viendrait les prendre chez lui au café Suisse, à Bruxelles. Le sieur Joseph Giorgi a présenté, en effet, ces objets à la douane d'Ostende comme étant des appareils pour le gaz; il a payé les droits qui lui ont été réclamés; enfin, arrivé à Bruxelles, il attendait vainement l'Anglais qui lui avait été annoncé, lorsque Bernard lui-même se présenta pour reprendre les dix demi-bombes.

« A l'hôtel de l'Europe, où il était descendu sous le faux nom d'Allsop, Orsini avait annoncé qu'il se proposait de se rendre à Paris, mais qu'il attendait pour partir l'arrivée d'un ami. Cet ami n'était autre que Bernard. En effet, dès que Bernard fut à Bruxelles, on vit le faux Allsop préparer son départ.

« Il avait acheté un cheval, dont un officier des guides désirait se défaire; ce fut à celui qui devait conduire ce cheval à Paris qu'il confia le soin d'y porter aussi ces bombes, déposées chez le sieur Joseph Giorgi. Sur la demande de Bernard et d'Orsini, le sieur Giorgi indiqua le nommé Zeguers, garçon de service au café Suisse. Le 11 décembre, le cheval ayant été placé dans un box au chemin de fer, Zeghers, au moment du départ, fut chargé par le sieur Giorgi d'emporter dans un sac les dix demi-bombes en question pour les remettre à l'arrivée au propriétaire du cheval. C'est ainsi que les bombes, dont il devait être fait bientôt un si criminel usage, ont pu entrer en France. Zeghers (suivant ce qui lui avait été dit à lui-même) les a déclarées à la douane comme étant des appareils nouveaux pour le gaz, et elles ont été jugées de si minime valeur qu'aucun droit n'a été perçu à l'entrée.

« Orsini avait pris, pour se rendre à Paris, le même train que le sieur Zeghers. En arrivant au débarcadère, le 12 décembre au matin, il remit une carte à celui-ci, en le chargeant de conduire son cheval dans un hôtel que Zeghers, probablement par erreur, a dit être rue de Rivoli, mais qui n'est autre, suivant toute apparence, que l'hôtel de Lille et d'Albion, rue Saint-Honoré, 211, où Orsini est effectivement entré le 12 décembre.

« Zeghers a déclaré, dans l'instruction, qu'il avait remis les dix demi-bombes entre les mains d'un garçon de l'hôtel; et, de son côté, Orsini raconte, dans son dernier interrogatoire, que, peu d'instants après son entrée à l'hôtel, étant descendu dans l'antichambre, il y avait vu tous les morceaux de bombes étalés sur un divan, à côté de la brosse et de l'étrille de son cheval, et qu'il s'était hâté de les reprendre pour les emporter dans sa chambre.

« Le témoin Zeghers n'a pas même passé à Paris la nuit du 12 au 13 décembre ; il est reparti pour Bruxelles le soir de son arrivée, après avoir consacré toute la journée à des visites qui n'ont paru offrir aucun caractère suspect. De retour à Bruxelles, il déclara y avoir revu Bernard quelques jours après, et, comme il lui disait qu'il avait conduit à Paris le cheval de l'Anglais, Bernard a répondu *qu'il savait cela.*

« Orsini n'a séjourné que trois jours à l'hôtel de Lille et d'Albion, où il était descendu en arrivant à Paris. Le 15 décembre, il s'est installé dans un appartement meublé, rue Monthabor, n° 10, au rez-de-chaussée. Son cheval, qui d'abord avait été placé dans un manége du voisinage, n'a point tardé non plus à être amené dans une écurie de la même maison.

« Les époux Morand, concierges de cette maison, déposent qu'il faisait de fréquentes promenades à cheval, et que, dans les premiers jours, il ne recevait que de rares visiteurs, parmi lesquels toutefois le témoin Morand a pu nommer les sieurs Hodge et Outrequin, dont il sera parlé plus tard. Bientôt est apparu Piéri, se disant Allemand, de même qu'Orsini se faisait passer pour Anglais ; puis Gomez, amené par Piéri pour être domestique d'Orsini, puis enfin de Rudio, qui avait pris le personnage d'un commis-voyageur faisant le commerce de bière.

« L'information a constaté de la manière la plus certaine l'époque où ces trois derniers accusés ont quitté l'Angleterre pour venir rejoindre Orsini à Paris, leur itinéraire et les circonstances de leur voyage.

« Le 6 janvier 1858, Piéri et Gomez sont partis ensemble de Birmingham; ils se sont arrêtés à Londres dans la maison d'Orsini, Grafton-street, n° 2. Gomez déclare y avoir vu, déposée sur une cheminée, une bombe, qui n'avait à ce moment ni cheminées ni capsules.

« Bernard les attendait; c'est lui qui a remis à Gomez le passe-port au nom de Peter Bryan Swiney, saisi plus tard en la possession de ce dernier. Quant à Piéri, il était muni du passe-port, également saisi plus tard, et sur lequel son véritable nom avait été altéré et converti en celui de Piérey.

« Après avoir quitté Londres dans la journée même du 6 janvier, Piéri et Gomez ont débarqué à Calais le 7, à une heure quarante-cinq minutes du matin, par la malle anglaise venant de Douvres. Ils sont immédiatement partis pour Lille, où le chemin de fer les a conduits dans la matinée. Laissant Gomez à Lille pour quelques heures, Piéri a pris la route de Bruxelles ; il y est arrivé assez tôt pour y passer la plus grande partie de là journée.

« La justice, sans doute, n'est pas parvenue à connaître complétement l'emploi fait par Piéri du temps qu'il a passé ce jour-là à Bruxelles, mais il est certain qu'il en a rapporté une nouvelle bombe. Soit que depuis le départ d'Orsini pour la France, Bernard eût déposé à Bruxelles de nouveaux instruments de meurtre, soit que l'une des bombes précédemment venues de Londres eût été oubliée à Bruxelles par Orsini ou par le témoin Zeguers, le sieur Giorgi était encore dépositaire, le 7 janvier, d'une boule en métal, que plusieurs témoins ont vue chez lui, et dont la description donnée par eux ne permet pas le doute sur son identité ou sa ressemblance avec celles qui ont servi à l'attentat.

« Suivant la recommandation expresse de Bernard, le sieur Giorgi devait remettre cette bombe à la personne qui lui présenterait un écrit convenu d'avance. D'un autre côté, il résulte des déclarations de Gomez, que le 6 janvier, dans la maison d'Orsini, à Londres, Bernard a dit à Piéri, en sa présence, de passer à Bruxelles pour y prendre un couvercle que le patron avait oublié. Piéri s'est, en effet, présenté chez le sieur Giorgi, dans la journée du 7 janvier ; il a montré l'écrit convenu et a reçu l'objet indiqué dans cet écrit. Plusieurs témoins ajoutent à cet égard leurs déclarations à celles du sieur Giorgi lui-même. Ainsi le sieur Meckenheim accompagnait Piéri dans sa visite chez Giorgi ; la femme Meckenheim a été chargée par Piéri de garder et de porter l'objet en question pendant une partie de la journée, et, bien que cet objet fût enveloppé dans du papier, ils ont pu donner l'un et l'autre sur sa nature, sur son poids et sur sa forme les explications les plus précises et les plus concluantes.

« Piéri a repris, à Bruxelles, le 7 janvier, le train partant pour Paris à sept heures du soir. A son passage à Lille, Gomez, qui l'attendait, est monté avec lui, et leur premier soin, en arrivant à Paris, a été de se rendre à la demeure d'Orsini, rue Monthabor, 10.

« L'accusé de Rudio n'a pas été moins exact à répondre à l'appel qui lui a été fait.

« Dès le 2 janvier, il avait reçu chez lui, à Londres, la personne dont Piéri, dans sa lettre parvenue le jour de Noël, lui avait annoncé la visite. Cette personne n'était autre que l'accusé Bernard. Il se fit connaître à de Rudio, lui remit 14 schellings, en ajoutant qu'il se chargeait de lui procurer un passe-port, et enfin l'invita à se tenir prêt pour le départ.

« Le 8 janvier, Bernard faisait à de Rudio une

seconde visite. En son absence, il laissait à sa femme un billet que de Rudio devait porter à Grafton-street, 2, où avait-il dit : « on *lui remet-trait quelque chose.* » De Rudio se rendit à l'adresse indiquée, c'est-à-dire à la demeure d'Orsini, et en rapporta une paire de lunettes d'or, qui devait lui servir de signe de reconnaissance. Le soir du même jour, Bernard est reparu une troisième fois chez de Rudio ; il lui a donné une nouvelle somme de 14 schellings avec le passeport de Da Silva, saisi plus tard dans l'information, et un billet de place jusqu'à Paris pour le lendemain matin. C'est, en effet, le samedi 9 janvier que de Rudio a quitté Londres, après avoir reçu de Bernard la recommandation de se rendre, dès son arrivée, rue du Monthabor, 10, chez Allsop, et de remettre à ce dernier la paire de lunettes d'or pour se faire reconnaître.

« Le dimanche 10 janvier, dans la soirée, de Rudio se présentait une première fois rue Monthabor, 10, sans y trouver Orsini ; il revint le lendemain matin et le rencontra cette fois.

« Ainsi les quatre principaux accusés étaient réunis, prêts à exécuter le crime depuis longtemps médité et préparé par eux. Dans les quatre jours qui se sont écoulés depuis ce moment jusqu'à l'attentat, des relations fréquentes se sont établies et de nombreuses visites ont été échangées entre eux.

« Gomez était entré chez Orsini en la qualité plus apparente que réelle de domestique. Ainsi qu'on l'a vu précédemment, il avait d'abord logé avec Piéri, rue Montmartre, hôtel de France et de Champagne ; mais bientôt, c'est-à-dire le 12 janvier, il vint prendre une chambre à l'hôtel de de Saxe-Cobourg, rue Saint-Honoré, 223.

« De Rudio (comme on l'a dit encore) se faisait passer pour un commis-voyageur chargé de vendre de la bière ; mais dès le lendemain de sa première visite à Orsini, sa situation véritable vis-à-vis de ce dernier se révélait aux yeux mêmes du concierge de la maison. Ce témoin raconte, en effet, que le 11 janvier dans la matinée, étant entré dans l'appartement d'Orsini, il le vit à table, déjeûnant avec Piéri. Gomez les servait, et de Rudio se tenait debout dans l'attitude d'un marchand qui fait des offres de service. Au bout d'un quart d'heure, le concierge, qui était sorti, rentra inopinément et cette fois il trouva de Rudio assis à la table, près d'Orsini et de Piéri, causant librement avec eux, tandis que Gomez, accoudé à la cheminée, écoutait la conversation.

« Un autre fait montrerait au besoin l'intimité qui, à ce moment déjà, existait entre les accusés. De Rudio n'avait pas de logement à Paris, ce fut Piéri qui se chargea de lui en fournir un ; il l'emmena à l'hôtel de France et de Champagne, et lui donna, dans sa propre chambre, la place que Gomez allait quitter.

« Dès le jour ou dès le lendemain du jour de l'arrivée de Piéri et de Gomez à Paris, un pistolet revolver a été acheté par Orsini chez l'armurier Devisme. C'est celui qu'on a ramassé après l'attentat sur le pavé de la rue Rossini. Il résulte de la déposition du témoin Plondeur, employé chez le sieur Devisme, qu'en faisant cette acquisition Orsini était accompagné de Piéri. Il en résulte, en outre, que le pistolet dont il s'agit ayant eu besoin de quelques réparations, c'est Gomez qui a été chargé de l'aller chercher le mardi 12 janvier. Il paraissait fort pressé, a dit le témoin, et montrait une grande impatience pour obtenir que cette arme lui fût remise sans aucun retard.

« Les trois autres pistolets revolvers figurant parmi les pièces de conviction avaient été précédemment achetés en Angleterre chez les sieurs Hollis et Seath, de Birmingham, ainsi que l'information l'a établi de la manière la plus certaine. Piéri, accompagné d'un autre individu, en a acheté deux le 29 octobre 1857 ; ce sont ceux qui portent les numéros 5561 et 5609, et qui ont été saisis, l'un sur Piéri, l'autre dans sa chambre, à l'hôtel de France et de Champagne.

« C'est encore Piéri qui, le 23 novembre suivant, a acheté le troisième pistolet portant le n° 5841, et qui a été abandonné par Gomez au restaurant Broggi. L'information a fait connaître encore que deux des trois pistolets revolvers, ceux portant les numéros 5561 et 5841 ont été envoyés d'Angleterre par Bernard à Orsini, par l'intermédiaire du sieur Outrequin, commissionnaire en marchandise, rue Saint-Denis, 277.

« Le sieur Outrequin avait eu précédemment quelques relations avec l'accusé Bernard ; ces relations paraissent avoir commencé au café Suisse, à Londres.

« Dans les premiers mois de l'année 1857, un anglais nommé Hodge, qui voyageait en France, fut recommandé par Bernard au sieur Outrequin et bien accueilli par ce dernier. Pareille recommandation a été adressée par Bernard au sieur Outrequin dans une lettre du 8 décembre 1857, qui est jointe à la procédure, en faveur d'Orsini, sous le faux nom d'Allsop.

« Il existe aussi au dossier de la procédure une seconde lettre de Bernard au sieur Outrequin contenant, avec des remercîments pour le bon accueil déjà fait au sieur Hodge, la prière de le recevoir et de l'aider encore dans un nouveau voyage qu'il allait faire à Paris. Cette seconde lettre a été écrite, comme celle au prétendu Allsop, dans le courant du mois de décembre 1857. Bernard y proposait au sieur Outrequin, comme par occasion, de se charger, moyennant un droit de commission, de placer à Paris quelques armes de luxe de la fabrique de Birmingham.

« La réponse du sieur Outrequin ayant été affirmative, il reçut, dans les premiers jours de janvier, par lettre de Bernard, jointe au dossier, comme les précédentes, avis de l'envoi de deux pistolets revolvers, à titre d'échantillon. Le sieur Outrequin était invité à vendre les armes au prix de 150 fr. chacune, mais en même temps, Bernard l'autorisait à les donner à son ami Allsop, si celui-ci les trouvait à sa convenance, sans lui en faire payer le prix. Les deux boîtes renfermant les pistolets en question ont été effectivement remises par le sieur Outrequin, savoir : la première le 8 janvier à Orsini, et la deuxième le 10 janvier à Piéri.

« Il ne restait plus qu'à charger les bombes qui étaient les principaux instruments du crime à exécuter. La poudre fulminante employée à cet usage paraît avoir été fabriquée par Orsini lui-même, ou au moins avec son concours. Ainsi l'information a fait connaître qu'il avait eu en

Angleterre des relations avec un professeur de chimie, et qu'il en avait reçu des leçons et des conseils, dont ce dernier sans doute ne soupçonnait pas le véritable but. D'un autre côté, l'accusé de Rudio déclare qu'Orsini lui a toujours dit que c'était lui-même qui avait inventé et fabriqué la poudre fulminante dont il s'est servi. Gomez a la même conviction, bien qu'Orsini ne lui ait jamais fait aucune confidence à ce sujet. Il ajoute que la dernière fois qu'Orsini est venu de Londres à Birmingham, il avait l'intérieur des mains et le bout des doigts brûlés, et qu'il a dit à Piéri que ces brûlures provenaient de ses expériences.

« Cependant Orsini n'avoue pas être l'auteur de cette fabrication. Il prétend que la poudre fulminante a été faite à Londres par quelqu'un qu'il ne veut pas nommer; mais il reconnaît l'avoir apportée lui-même de Londres en Belgique, puis de Belgique à Paris, et il entre dans des détails fort circonstanciés sur les précautions qu'il a dû prendre à ce sujet. Il avait placé cette substance dangereuse dans un sac de nuit, après l'avoir enveloppée dans du linge et du papier qu'il humectait de temps en temps. Le paquet ainsi mouillé pesait près de deux livres anglaises. Pendant son séjour à la rue Monthabor, il s'est occupé de faire sécher sa poudre fulminante, d'abord en l'exposant à l'air, puis, comme elle ne séchait pas assez vite, en la mettant près du feu. Cette dernière opération était pleine de périls. Orsini se tenait devant sa cheminée, sa montre dans une main et un thermomètre dans l'autre, afin de mesurer avec exactitude les conditions de temps et de chaleur dans lesquelles la poudre fulminante pouvait rester devant le feu sans faire explosion. « Je risquai, a-t-il dit dans « son dernier interrogatoire, de me faire sauter « et avec moi toute la maison. »

« Les bombes ayant été remplies à peu près à la moitié de leur capacité intérieure, Orsini les a fermées au moyen des vis adaptées aux trous pratiqués dans la partie supérieure de chaque projectile. Il déclare avoir été aidé dans ce travail par Gomez, dont le poignet plus ferme que le sien maniait le tournevis avec plus de vigueur.

« On était enfin arrivé au 14 janvier. Ce jour-là, Orsini est sorti à 9 heures 55 minutes du matin, dans une voiture de la Compagnie impériale portant le n° 5180 et conduite par le cocher Barthey. Il s'est rendu d'abord rue Saint-Denis, n° 267, chez le sieur Outrequin, où il a demandé s'il était arrivé des nouvelles de Bernard; la réponse ayant été négative, il a paru vivement contrarié. Il s'est fait conduire ensuite rue de Miroménil, puis à l'hôtel de France et de Champagne, chez Piéri et de Rudio, où il a congédié sa voiture. Il était alors un peu moins de 11 heures.

« De son côté, Gomez est venu visiter Piéri et de Rudio à l'hôtel de France et de Champagne ; il y est arrivé pendant qu'ils déjeunaient ; il était à cheval ; les époux Morand, concierges de la rue Monthabor, n° 10, ont déclaré, en effet, que ce jour-là Gomez était sorti vers midi sur le cheval d'Orsini, et n'était revenu que vers trois heures.

« La femme Morand a vu Orsini et Gomez sortir encore l'un et l'autre entre quatre et cinq heures. Il a été constaté que vers la même heure Orsini est allé une seconde fois chez Piéri et de Rudio.

« Entre six et sept heures du soir, Orsini est rentré chez lui avec Gomez, qui l'accompagnait ou qui l'avait attendu pendant quelques instans sous la porte cochère. Ils ont été rejoints bientôt par Piéri et de Rudio ; puis enfin ils sont sortis ensemble tous les quatre. C'est à ce moment qu'ils se sont dirigés vers le théâtre de l'Opéra.

« Sur l'heure précise de cette dernière sortie, il y a contradiction entre le dire des accusés et les dépositions de plusieurs témoins. Les accusés ont persisté jusqu'à la fin à soutenir qu'il

était huit heures quand ils ont quitté la rue Monthabor ; mais le témoin Debarge, cocher au service d'un locataire de la maison où demeurait
Orsini, était à ce moment sous la porte cochère ;
il les a vu sortir tous les quatre ; il a remarqué
même que Gomez portait dans sa main gauche
quelque chose qui était enveloppé dans un mouchoir ou foulard rouge, et ce témoin affirme de
la manière la plus positive qu'il était alors moins
de sept heures.

« La déclaration du sieur Debarge doit être
rapprochée de celle plus grave encore d'un autre
témoin, le sieur Kim, cantonnier employé au
balayage public. — Dans la soirée du 14 janvier,
le sieur Kim avait été chargé d'étendre du sable
dans le passage réservé pour l'entrée de l'Empereur au théâtre de l'Opéra. Vers sept heures ou
sept heures et un quart au plus, il a fait sortir
presque de force, malgré leurs injures et leurs
menaces, deux individus qui, à plusieurs reprises, avaient pénétré dans le passage réservé, et
qui voulaient rester sans tenir compte de ses
observations. Confronté dans l'instruction avec
les quatre accusés présents, le sieur Kim n'a reconnu ni Orsini, ni Gomez, mais il a déclaré reconnaître positivement Piéri et de Rudio.

« Quoi qu'il en soit, la présence des quatre
accusés sur le lieu du crime n'a pu être niée par

eux alors même qu'ils croyaient pouvoir se renfermer dans un système absolu de dénégations. Piéri et Gomez, en effet, avaient été arrêtés, le premier quelques minutes avant l'attentat dans la rue Le Peletier, le second, peu de temps après dans le restaurant Broggi. — De Rudio s'est borné à une tentative de dénégation dans laquelle il n'a point persisté. — Quant à Orsini, la blessure dont il était atteint aurait suffi pour lui rendre toute dénégation impossible; mais, en outre, et dès les premières constatations, on avait recueilli une preuve manifeste, non-seulement de la présence d'Orsini au lieu où l'attentat venait d'être commis, mais encore de la participation qu'il avait prise à ce crime exécrable.

« Orsini était au nombre des blessés qui ont reçu les premiers soins dans la pharmacie Vautrin, située rue Laffite, entre la rue Rossini et la rue de Provence. Un témoin, le sieur Decailly, lui a donné le bras au moment où il sortait de cette pharmacie, et l'a conduit à la station des voitures qui se trouve au coin des rues Laffitte et de Provence. Orsini n'a pas nié et ne pouvait penser qu'il eût intérêt à nier cette circonstance; il était d'ailleurs formellement reconnu par le témoin Decailly; or, c'était sur ce chemin, qu'il faut prendre nécessairement pour aller du théâtre de l'Opéra à la pharmacie Vautrin, qu'on avait trouvé, le soir même de l'attentat, d'abord une bombe toute chargée, puis un pistolet revolver ! En outre, la bombe avait été ramassée près d'une traînée de sang provenant d'une blessure, qui avait dû abondamment saigner..., et il se trouvait que la blessure d'Orsini, malgré son peu de gravité, indiquait par sa nature même, et par le siége de la lésion, qu'elle avait donné beaucoup de sang... Enfin, le pistolet revolver trouvé rue Rossini fut aussitôt reconnu pour avoir été acheté chez le sieur Devisme, et, presque en même temps, Orsini, mis en présence du témoin Plondeur, a été obligé de convenir que c'était lui qui l'avait acheté.

« Malgré ces circonstances qui l'accusaient si clairement, Orsini a persité longtemps à nier sa culpabilité. Il importe de rappeler ici comment il a été contraint par l'évidence des preuves à des aveux devenus nécessaires et pourtant demeurés encore incomplets.

« Gomez est le premier des accusés qui ait manifesté l'intention de revenir à la vérité; mais ses aveux ne se sont produits que successivement. Tout en confessant d'abord avoir connu le projet d'attentat, il prétendait qu'il ne lui avait été révélé que le 14 janvier, au moment du départ de la rue Monthabor, protestant d'ailleurs qu'il avait seulement assisté au crime sans y

prendre une part active. Bientôt il a été obligé
d'avouer qu'il avait vu les bombes chez Orsini,
mais sans savoir encore ce que c'était; puis il a
reconnu qu'Orsini lui en avait donné une à porter; qu'arrivés sur la place Vendôme, il lui avait
dit qu'il s'agissait de tuer l'Empereur avec ces
bombes; qu'il lui avait remis, en même temps,
un pistolet revolver pour se défendre lui-même
s'il était attaqué; qu'enfin, à la rue Le Peletier,
il lui avait repris des mains la bombe dont il
était porteur, pour la jeter lui-même devant la
voiture de l'Empereur.

« Ces déclarations, quoique pleines de réticences, étaient de nature à compromettre gravement Orsini. La présence seule de cet accusé
devant le magistrat instructeur, où il fut confronté avec Gomez, suffit à contraindre celui-ci
à se rétracter; mais le lendemain, délivré de
cette influence, il a reproduit ses explications et
les a même complétées depuis.

« De Rudio l'avait devancé dans cette voie,
non sans avoir mêlé lui-même des réticences et
des mensonges à ses déclarations successives.
Après avoir nié d'abord toute espèce de participation à l'attentat, après avoir essayé d'expliquer sa présence à Paris, et ses relations avec
Orsini par le désir qu'il avait eu d'en obtenir
une lettre de recommandation pour le Portugal,

où il devait se rendre dès le lendemain du 14 janvier, de Rudio reconnut que Bernard l'avait envoyé de Londres *pour faire quelque chose avec Orsini*; qu'il avait accepté la proposition, croyant qu'il ne s'agissait que d'un mouvement à tenter en Italie ; que, détrompé de son erreur à Paris seulement, il s'était cru trop engagé pour reculer; qu'enfin, avant le départ de la rue Monthabor, Orsini lui avait remis une bombe, avec recommandation de la jeter contre la voiture de l'Empereur dès qu'il aurait entendu la première explosion. — Mais ce dernier aveu était suivi des allégations les plus inadmissibles. — A l'en croire, de Rudio n'avait accompagné ses coaccusés que jusqu'au boulevard. Arrivé à la tête de la rue de la Paix, au lieu de se diriger du côté de la rue Le Peletier, il avait pris la direction opposée, et il était allé jeter sa bombe dans la Seine, au pont de la Concorde. — Dans son interrogatoire du 24 janvier, il a enfin complété ses aveux. — Les rôles avaient été convenus avant le départ; Gomez et lui ont reçu les deux plus grosses bombes; Orsini en a gardé deux plus petites, et Piéri a pris la cinquième, de dimension semblable à celles d'Orsini. Il a été arrêté que Gomez lancerait la première bombe, de Rudio la seconde, qu'Orsini agirait ensuite et, en dernier lieu, Piéri.—Arrivés à la rue Le Peletier, les conjurés, à l'approche de la voiture de l'Empereur, avaient pris leur position sur le trottoir en face de l'entrée principale du péristyle, entre les maisons et la foule des curieux. — Aussitôt après la première explosion provenant de la bombe jetée par Gomez, Orsini a dit à de Rudio : *Jette la tienne !* celui-ci l'a jetée en effet, puis s'est réfugié dans un petit cabaret d'où il a entendu le bruit de la troisième détonation, et d'où il a pu sortir ensuite à la faveur du tumulte.

« Le même jour, 24 janvier, Gomez s'est décidé enfin à dire la vérité tout entière ; et sur le partage des bombes, sur le plan arrêté entre les assassins, sur l'exécution de ce plan, sur la part que lui-même y a prise en jetant la première bombe, il a pleinement confirmé les déclarations de son coaccusé de Rudio.

« C'est en présence de ces révélations, en même temps que des preuves extérieures recueillies par l'instruction, qu'Orsini s'est trouvé placé à son tour dans son interrogatoire du 24 janvier 1858. Vaincu par l'évidence, mais non encore dompté, il a pris le rôle de forfanterie, déclarant qu'en effet il avait résolu de tuer l'Empereur pour arriver, par une révolution en France, à l'indépendance de l'Italie, ajoutant qu'il avait formé ce projet tout seul, qu'il prenait tout sur lui, qu'il avait fait fabriquer les bombes à l'étranger, mais qu'il ne dirait rien de plus. Puis, par un retour à des préoccupations personnelles, il a eu soin d'ajouter qu'il n'avait pas jeté de bombe, et que, sans doute, la troisième, dont on avait entendu l'explosion, avait été lancée par un Italien qui se trouvait là par ses ordres, à qui il l'avait remise un instant auparavant, et qui n'était connu d'aucun de ses complices, pas même de Piéri.

« Dans ce même interrogatoire, Orsini avait aussi affecté les apparences de la générosité vis-à-vis de ses coaccusés, qui pouvaient, disait-il, parler contre lui, mais contre lesquels il ne voulait rien dire. La réflexion l'a ramené à d'autres sentiments, ainsi qu'il l'a expliqué lui-même lors de sa dernière comparution devant le magistrat instructeur. Il déclare donc aujourd'hui que Gomez a lancé la première bombe, que de Rudio a jeté la seconde, mais que lui-même n'en a jeté aucune ; et, pour échapper sur ce point à l'évidence qui devrait l'accabler, il reproduit la fable ridicule de ce complice inconnu qui aurait pris sa place au dernier moment.

« L'accusé Piéri avait imaginé, dans son premier interrogatoire, une fable (s'il est possible) plus inadmissible encore. Il y a persisté jusqu'à la fin de l'instruction. Si on l'en croit, il a quitté Londres pour faire un voyage en Italie. A son passage à Paris, il a reçu la visite d'Orsini, sous le faux nom d'Allsop. Ce dernier, qu'il ne connaissait pas, lui a parlé d'une invention dont il était l'auteur, c'est-à-dire d'une bombe fulminante dont lui-même pourrait avoir besoin pour les projets qui le conduisaient en Italie. — Un modèle de cette bombe lui ayant été apporté par le prétendu Allsop dans la matinée du 14 janvier, rendez-vous a été pris entre eux pour l'essayer à la barrière des Martyrs, en même temps qu'un pistolet revolver qu'Allsop lui avait vendu. Mais Allsop n'est pas venu au rendez-vous; obligé alors de rentrer dans Paris, il a gardé sur sa personne et le pistolet revolver chargé et amorcé, et la bombe fulminante toute prête à faire explosion. Il s'est rendu, avec ces objets si dangereux, chez un restaurateur où il a dîné; il les a conservés de même pour se promener sur les boulevards; enfin, le hasard l'ayant conduit aux environs de l'Opéra, il a été rencontré malheureusement par l'officier de paix Hébert, qui a cru devoir procéder à son arrestation. »

Orsini et ses complices comparurent le 25 février devant la Cour d'assises présidée par M. Delangle, premier président de la Cour impériale; M. Chaix d'Est-Ange occupait le siége du ministère public.

INTERROGATOIRE.

GOMEZ. — DE RUDIO

L'interrogatoire de Gomez, le premier questionné ; — ne présente pas grand intérêt.

Ce petit homme, de petit esprit et de petite condition, à la figure blafarde et insignifiante, semble n'avoir d'autre souci que [de sauver sa tête, — ce qui est bien légitime, — mais à quelque prix que ce fût.

Il balbutia des réponses plutôt qu'il ne donna des explications.

D'ailleurs, tout son système consista à se faire passer pour l'agent ignorant, inconscient et aveugle des desseins d'Orsini.

Il ne niait pas avoir lancé la bombe ; il affirmait ne pas savoir de quoi il s'agissait.

J'étais domestique, dit-il ; on me donnait un ordre, j'obéissais.

Et plus loin :

« M. Orsini peut dire ce qu'il veut : *s'il veut mourir, il est libre ;* moi, je dis ce que je sais et qui est vrai. »

De Rudio se rabat sur la misère effroyable dans laquelle il était plongé au moment où sont venus le chercher les émissaires de Mazzini; c'est elle seule, peut-être aussi le désir vague et l'espérance de conquérir, grâce à une révolution, une position convenable, qui l'aurait poussé au crime.

Il s'exprime bien, d'ailleurs, avec une certaine facilité, sans se troubler le moins du monde. On sent qu'il est résigné et n'a plus qu'un but, exciter la commisération dans le cœur des juges.

D'ailleurs, comme Gomez, de Rudio rejette sur Orsini la plus grande part de responsabilité dans l'attentat du 14 janvier.

INTERROGATOIRE D'ORSINI.

—

M. le premier président. — Accusé Orsini, levez-vous. Depuis que vous avez été arrêté on vous a plusieurs fois interrogé; vous avez souvent varié dans votre système de défense. Après avoir nié toute participation à l'attentat du 14 janvier, vous avez fait plusieurs aveux. Ces aveux, vous les avez ensuite rétractés, puis vous les avez reproduits avec plus d'étendue, et enfin, dans votre interrogatoire du 9 février, vous avez fini par faire une confession complète, ce qui n'empêche pas que vous avez écrit il y a quelques jours à M. le procureur général une lettre dans laquelle vous paraissez vouloir ressaisir vos précédents aveux. Maintenant, à quel système s'arrête votre esprit ?

Orsini. — Permettez-moi de remonter un peu haut. Dès ma jeunesse, mes pensées, toutes mes actions n'ont eu qu'un objet, qu'un but, la délivrance de ma patrie, la vengeance contre l'étranger, contre les Autrichiens qui nous fusillent, qui nous tuent, qui nous pillent et nous égorgent. C'est dans ce but que j'ai été de toutes les conspirations jusqu'en 1848, et qu'après le renversement du pouvoir de Pie IX, j'ai été nommé membre de la Convention romaine.

Quand les Français, que nous avions toujours considérés comme des amis, ont débarqué en Italie, nous avons cru qu'ils nous tendraient la main. Mais ils n'ont pas tardé à devenir pour nous des ennemis acharnés. Dans une des nombreuses attaques dirigées contre nous, ils furent repoussés et nous leur fîmes des prisonniers. Nous pensions toujours que la France est la première parmi les nations civilisées et libérales ; que, s'ils agissaient contre nous, c'est qu'ils y étaient entraînés, et nous rendîmes la liberté aux prisonniers, aux cris mille fois répétés de : *Vive la France ! Vive la liberté ! Vive l'Italie !*

Comment ont-ils répondu à notre générosité ? Ils ont suspendu les hostilités pendant un mois, mais c'était pour attendre des renforts. Alors, ils sont revenus à l'attaque, mille contre dix, messieurs ; nous avons été juridiquement assassinés.

M. le premier président. — Notre respect

pour les libertés de la défense nous fait seul tolérer un semblable langage.

L'accusé. — Je suis allé ensuite en Piémont ; notre irritation contre les Français était passée, et nous écrivions toujours à Rome, dans toutes les conspirations qui se sont établies, d'épargner la garnison française. Si les papiers saisis par le gouvernement papal existent, on peut les retrouver, et l'on verra si je mens. J'ai toujours conspiré contre l'Autriche, jamais que contre l'Autriche. En 1853, je suis tombé dans les mains des Autrichiens, en Hongrie ; ils m'ont jugé, ils m'ont condamné et j'allais être pendu quand j'ai trouvé le moyen de leur échapper.

C'est alors que je suis venu en Angleterre, toujours avec cette pensée, avec cette manie, si vous voulez, d'être utile à ma patrie, de la délivrer et de n'exposer que moi. J'étais convaincu qu'il est inutile d'exposer à faire fusiller des dix, des vingt hommes, comme le fait inutilement depuis longtemps Mazzini. J'ai voulu prendre les voies légales. Je me suis adressé à des pairs d'Angleterre ; j'ai proposé une pétition au gouvernement pour le principe de non-intervention et pour faire cesser l'occupation française et autrichienne. Leurs sympathies m'étaient déjà acquises quand la révolte de l'Inde a éclaté, et vous comprenez que cette question a pris, en Angleterre, le pas sur la question italienne ; c'est naturel.

En examinant les conditions politiques de tous les gouvernements de l'Europe, je me suis arrêté à cette idée qu'il n'y avait qu'un homme en position de faire cesser cette occupation de mon pays par l'étranger, que cet homme était Napoléon III, qui est tout-puissant en Europe. Mais tout son passé me donnait la conviction qu'il ne voudrait pas faire ce qu'il pouvait seul faire. J'avoue donc franchement que je l'ai considéré comme un obstacle. Et alors je me suis dit qu'il fallait le faire disparaître.

Je voulais, je l'ai dit, agir seul. Mais j'ai reconnu que c'était impossible. Alors, autour de moi, il s'est trouvé des hommes qui ont connu mes projets et qui s'y sont associés. Arrêtés, ils m'ont dénoncé. Quand je me suis vu trahi par eux, j'ai eu quelque sentiment de vengeance contre eux, et je les ai accusés; mais, aujourd'hui, je regrette toute circonstance qui pourrait aggraver la position de mes coaccusés, je rétracte tout ce que j'ai pu dire contre eux, et j'offre ma personne en sacrifice à mon pays.

Je me confie, messieurs, à la sagesse, à l'esprit de justice de mes juges, à la probité des jurés, qui sauront dégager ce que j'ai fait de toutes circonstances étrangères et fausses, déclarées par mes coaccusés; déclarations faites sous l'influence de la peur, et MM. les jurés savent que la peur est une mauvaise conseillère.

Permettez-moi de revenir sur les déclarations que j'ai faites concernant Allsop et Bernard. Quant à Allsop, il a fait faire les bombes sur ma demande, mais comme étant des objets qui pouvaient servir à des expériences de gaz. Comme Allsop m'avait connu en Italie, qu'il connaissait mon passé politique, il a pu soupçonner le but réel dans lequel je demandais ces bombes; mais je ne lui ai rien confié.

Quant à Bernard, je ne lui ai rien confié non plus; vous voyez qu'il n'a rien dit, en effet, à mes coaccusés.

Voilà ce que j'avais à dire ici, et je proteste vouloir garder le silence sur mes coaccusés présents et sur les absents.

D. Reprenons les détails des aveux que vous avez faits. — R. Vous avez entendu ma déclaration.

D. Reproduisez les détails que vous avez donnés. — R. En ce qui me concerne personnellement, je veux bien, ça ne sera pas long. Je me suis procuré de la poudre fulminante ; je l'ai apportée en France ; j'ai fait faire des bombes, j'en ai donné une à un Italien inconnu que j'ai rencontré rue Le Peletier, les bombes ont éclaté, et j'ai été blessé : voilà ce que j'ai à vous dire.

D. Qui a fait entrer les bombes dans Paris? — R. C'est Zeghers.

D. Qui les lui a remises ? — R. C'est Bernard, qui croyait qu'il s'agissait d'appareils pour le gaz.

D. Quels rapports avez-vous eus avec Piéri? — R. Je l'ai connu à l'occasion de *lectures* que je faisais en Angleterre sur l'état de l'Italie ; il s'occupait des souscriptions qui me concernaient.

D. Ce n'est pas sur ces rapports que je vous questionne. — R. Je ne veux rien dire de mes autres rapports.

M. le président. — Alors, il y a nécessité de lire votre interrogatoire, votre confession du 9 février, dans laquelle se trouvent les passages que MM. les jurés vont entendre :

« Je n'ai jamais eu l'intention de revenir sur

les déclarations que je vous avais faites et qui contenaient la vérité. Mais dans un premier moment de générosité exagérée, j'avais cru devoir assumer sur moi toute la responsabilité. Cela aurait été bien si mes coaccusés avaient été dignes de ce sacrifice ; mais comme je me suis aperçu qu'ils sont loin de l'être, je ne vois pas pourquoi je prendrais sur moi la responsabilité de ce qu'ils ont pu faire, et je trouve juste que chacun garde la part qui lui appartient.

« C'est dans le courant de l'année dernière que Piéri et moi nous avons commencé à parler du projet mis à exécution le 14 janvier. Nous étions convaincus que le plus sûr moyen de faire une révolution en Italie, c'était d'en produire une en France, et que le plus sûr moyen de faire cette révolution en France, c'était de tuer l'Empereur.

« Nous ne nous sommes pas décidés de suite à mettre notre projet à exécution ; nous y avons réfléchi pendant plusieurs mois, pendant lesquels nous en avons parlé à Allsop et à Simon Bernard.

« Je crois aussi que Piéri a fait quelques ouvertures à un nommé Carlotti, mais je ne pense pas qu'il lui ait fait connaître la vérité tout entière. Ce Carlotti est un mauvais sujet qui ne méritait pas de confiance. Les bombes ont été commandées, ainsi que vous me le prouvez par les lettres dont vous me représentez les copies et par le n° du *Birmingham Daily Press* du 5 février, par M. Allsop chez M. Taylor, de Birmingham. Il n'en a pas été fabriqué plus de cinq ou six, mais je puis affirmer que je n'en ai jamais eu plus de cinq à ma disposition. Ces cinq bombes ont été apportées d'Angleterre en Belgique ; car c'est au Café-Suisse, à Bruxelles, ainsi que le déclarent Zeghers et Georgi, qu'elles ont été remises à Casimir Zeghers, qui devait conduire mon cheval à Paris ; seulement Zeghers se trompe lorsqu'il dit qu'il a apporté dix demi-bombes, c'est-à-dire cinq bombes entières. Il n'y avait que huit morceaux, c'est-à-dire quatre bombes entières et la partie supérieure de la cinquième. C'est le corps de cette cinquième qui a été remis à Piéri au Café-Suisse, à Bruxelles, et rapporté par lui à Paris, ainsi que cela a été déclaré par les témoins entendus en Belgique, et ainsi que Gomez vient de vous le déclarer tout à l'heure.

« Je suis arrivé à l'hôtel de Lille et d'Albion avant mon cheval. Après avoir attendu quelque temps dans ma chambre, étonné de ne pas voir arriver le jeune homme qui l'avait conduit, je suis descendu, et, dans l'antichambre de l'hôtel, sur un divan placé devant une fenêtre à gauche de la porte d'entrée, j'ai aperçu, à côté de la brosse et de l'étrille du cheval, tous les morceaux de bombes qui avaient été confiés à Zeghers et qu'il avait déposés là. Je n'ai rien dit, mais je me suis hâté de les prendre et de les monter dans ma chambre. »

D. Les cheminées, où vous les êtes-vous procurées et à quel moment les avez-vous ajustées aux bombes ? — R. Elles avaient été commandées par Allsop en même temps que les bombes. Il me les avait remises avant mon départ de Londres. Elles formaient un petit paquet que j'ai apporté dans mon sac de nuit. Je les ai revissées sur les bombes une fois que j'ai été établi rue du Monthabor ; Gomez m'a aidé dans ce travail, et, comme il a la poigne beaucoup plus forte que moi, c'est lui que j'ai chargé de les serrer avec le tourne-vis.

« Dans un voyage en Belgique, j'avais vu au Musée des bombes qui ont donné lieu à un procès, il y a quelques années ; j'ai eu idée d'en faire usage, et comme, en ma qualité d'étranger, une pareille commande venant de moi aurait paru suspecte, j'ai chargé Allsop de les fabriquer. »

D. Où vous êtes-vous procuré de la poudre fulminante ? — R. La poudre fulminante a été fabriquée à Londres par quelqu'un que je ne veux pas nommer. C'était du fulminate de mercure.

« Je voulais apporter en France les bombes chargées ; mais j'ai réfléchi qu'il valait mieux tout bonnement le maintenir à l'état humide, et je l'ai apporté de Londres en Belgique et de Belgique à Paris, dans mon sac de nuit entouré de papier et de linge que j'humectais de temps en temps. Ainsi mouillé, il devait peser près de deux livres anglaises.

« J'ai chargé moi-même les bombes dans ma chambre, rue Monthabor ; il m'a fallu faire sécher la poudre, montre et thermomètre à la main, devant le feu ; si une étincelle avait volé dessus, j'aurais sauté en l'air avec toute la maison.

« Il devait être environ huit heures, le jeudi 14 janvier, lorsque que nous sommes partis tous les quatre de la maison. Nous nous sommes.

rendus à l'Opéra. Nous n'avons guère attendu plus d'un quart d'heure avant l'explosion des bombes.

« Pendant la route, j'ai remarqué que Piéri se tenait en arrière, et j'ai même dit à de Rudio qu'il me faisait l'effet d'un homme qui voudrait déserter.

« En arrivant à la rue Le Peletier, il a passé devant nous. Nous sommes restés deux minutes au coin de la rue et du boulevard. A peine entrions-nous rue Le Peletier, que j'ai rencontré Piéri qui revenait vers nous accompagné d'un monsieur que je ne connais pas. Il a cligné de l'œil en passant à côté de moi, mais je n'ai pas compris qu'il voulait me dire qu'il était arrêté. »

(Ici Orsini raconte comment il aurait remis une des bombes à un Italien connu de lui seul et qu'il ne voulait pas faire connaître. Puis il parle des explosions successives, de sa blessure et de sa rentrée à son domicile.)

Puis il termine ainsi :

« Pieri, Gomez et de Rudio ne sont pas des enfants à séduire comme ils voudraient le faire supposer. Ils savaient de quoi il s'agissait quand ils sont venus en France. Quant à moi, je prends la responsabilité de ce qui me regarde et je suis prêt à mourir.

M. le président. — Voilà vos déclarations. Y persistez-vous ?

Orsini. — J'ai compris tout ce que vous venez de me lire ; que les autres s'accusent, qu'ils m'accusent s'ils veulent ; moi, je ne dirai rien contre eux.

M. le président. — Votre système de défense n'est pas acceptable. Vous avez commencé par nier ; vous avez fait des aveux, vous les avez rétractés en les attribuant à un sentiment de vengeance, vous y êtes revenu de nouveau, et cela quand vous avez connu les déclarations de vos coaccusés, quand vous avez été amené par la force des faits à vous déclarer coupable. Tout cela, on le remarquera, n'a pas été fait spontanément de votre propre mouvement. Ces aveux vous ont été arrachés par la puissance des faits.

Quand vous avez fait ces aveux, vons avez très-bien expliqué la part de chacun, la vôtre et celle de vos coaccusés. Vous avez parlé du conciliabule de la rue Monthabor, n. 10 ; vous avez raconté ce qui s'y est passé, vous y avez montré les quatre accusés réuniś, le partage des bombes et votre départ pour l'Opéra. Eh bien ! maintenant que ce que vous avez dit se trouve confirmé par les déclarations de vos coaccusés, voilà que vous venez nous dire qu'il ne s'agissait que d'un complot pour assurer la liberté de l'Italie ! Vous venez ici pour y reprendre les aveux que vous avez faits? Ce que vous devez faire, c'est de nous dire votre participation à l'attentat, celle de vos coaccusés, et notamment celle de Piéri : c'est là-dessus que je vous interpelle.

Orsini. — Je ne dirai rien là-dessus.

M. le premier président. — MM. les jurés, vous voyez quel rôle prend Orsini devant vous. Il n'a rien ménagé dans l'instruction ; il n'a pas ménagé ses coaccusés. Mais, à l'audience, c'est autre chose. Son rôle change, et il veut faire de la générosité comme si tout ce qui a été écrit sous sa dictée n'avait pas été écrit et ne vous était pas représenté. Accusé, vous ne voulez pas parler? MM. les jurés savent pourquoi, et ils apprécieront vos motifs; continuons :

D. Vous êtes parti de la rue Monthabor avec vos coaccusés ?

L'accusé. — Oui, monsieur, j'y étais.

D. Pas d'équivoque... ils y étaient aussi, ils en conviennent. — R. Cela les regarde.

M. le président. — De Rudio, vous y étiez ?

De Rudio. — Oui, monsieur.

M. le président.—De Rudio déclare qu'après la première bombe lancée par Gomez, vous lui avez dit : « A toi! »

Orsini. — C'est faux.

De Rudio. — C'est vrai.

Orsini. — Je suis prêt à tout.

M. le premier président. — Il n'y a pas de raison pour croire plutôt à votre parole qu'à celle de vos coaccusés. Qui a jeté la troisième bombe? On en a trouvé une dans la rue.

Orsini. — C'est la mienne.

M. le premier président. — On en a saisi une sur Piéri, Gomez en a lancé une, de Rudio en a lancé une autre... et la troisième qui a éclaté...

Orsini. — Je l'avais remise à un Italien que j'avais rencontré dans la rue Le Peletier.

D. En quel endroit? — R. Au coin de la rue Rossini.

D. Par hasard? — R. Non, il m'attendait; c'était convenu.

D. Vous vous êtes donc entendu avec lui en

9

dehors de vos coaccusés? —R. Oui.

D. Avez-vous parlé de cet Italien à quelqu'un?
— R. A personne.

D. Vous vous méfiez donc de vos coaccusés?
— R. En conspiration, on se méfie de tout le monde, et il faut toujours des relations qu'on ne dit pas à tout le monde.

D. Vous défiez-vous aussi de vous-même? vous défiez-vous de votre courage, puisque vous avez chargé un autre de faire ce que vous deviez faire vous-même? — R. Oh! non, j'étais sûr de moi.

D. Tenez, vous avez écrit à M. le procureur général pour repousser les aveux de vos coaccusés, que vous attribuez à la peur, et vous dites, ce que vous avez répété ici, que la peur est une mauvaise conseillère. N'est-ce pas elle qui vous inspire ici? — R. Oh! l'homme qui a peur ne parle pas comme je parle ici. Je ne veux pas compromettre les autres. Voilà tout.

M. le premier président. — Mais vous avez compromis Allsop et Bernard. Pourquoi refusez-vous de faire connaître cet Italien?

Orsini. — Je pourrais le nommer, car je crois qu'il doit être actuellement hors de France, et à l'abri des poursuites; mais je ne veux pas le dire.

M. le premier président. — De Rudio, avez-vous vu Orsini causer avec quelqu'un?

De Rudio. — Non, monsieur.

M. le premier président.— Vous n'avez pas vu là quelqu'un de vos compatriotes autour de vous?

De Rudio. — Non.

Orsini, souriant. — Oh! il avait bien autre chose à faire que de chercher des figures de connaissance dans la foule... il avait une bombe dans sa poche... et ça le préoccupait un peu, voyez-vous.

M. le premier président. — Ainsi vous niez avoir jeté une bombe ; écoutez, Orsini, je vais vous dire pourquoi vous niez, contre l'évidence, des faits qui vous étouffent :

Vous savez qu'il y a eu, à la suite de cet attentat, de nombreuses victimes atteintes, dont plusieurs ont succombé. Vous savez qu'il y a eu des enfants, des femmes, des vieillards, blessés et tués... Il y a là une odeur de sang qui monte jusqu'à vous, qui vous porte au cerveau. En présence de tous ces meurtres, vous éprouvez le besoin de faire croire que du moins vous n'y avez aucune part directe, et que si le crime était dans votre pensée, votre main y est restée étrangère.

Orsini. — Non, non, ce n'est pas cela. La première bombe m'a blessé ; et si de Rudio, qui m'accuse, et qui prétend avoir été près de moi s'y fût réellement trouvé, il aurait vu que j'étais blessé, et il l'aurait dit ; or, il n'en a pas parlé. C'est qu'il n'était pas à côté de moi, et dès lors je n'ai pas pu lui donner l'ordre dont il parle.

M. le premier président. — La deuxième bombe a éclaté dix secondes après la première, la troisième dix secondes après la deuxième, c'est-à-dire après des intervalles de temps imperceptibles ; or, vous avez bien pu être blessé par la troisième bombe, celle que vous avez lancée.

Orsini. — C'est une supposition que vous faites, monsieur le président.

M. le premier président. — Je ne fais pas de supposition ; la probabilité, la vraisemblance, la vérité enfin, c'est que vous avez lancé la troisième bombe.

Orsini. — Si j'avais voulu adopter un système négatif, j'aurais pu nier les bombes et le pistolet ; il y avait d'autres personnes qui avaient été blessées aux jambes et qui ont pris le même chemin que moi ; ce peut être leur sang aussi bien que le mien. Certainement, je regrette toutes les victimes, et je suis douloureux de penser à tout ce qui est arrivé.

M. le premier président. — Parlons de vos antécédents. En 1845, vous avez été condamné aux galères à vie pour des faits de conspiration et d'insurrection. Vous avez été ensuite amnistié par le gouvernement du pape. En 1847, vous avez été expulsé de Toscane pour des faits de conspiration ?

Orsini. — Il n'y a pas eu de sentence contre moi ; j'ai été expulsé, mais sans jugement.

M. le premier président. — Vous avez été envoyé à Ancône, en 1849, comme commissaire extraordinaire du triumvirat Mazzini ?

Orsini. — Depuis longtemps, sous Grégoire XVI et sous Pie IX, il se commettait des assassinats permanents dans le cercle d'Ancône, et les commissions qui y avaient été envoyées avaient été impuissantes pour les faire cesser. Quand la république fut proclamée, les assassins se crurent plus autorisés que jamais, et les choses en étaient venues à ce point qu'à la nuit les maisons et les boutiques étaient fermées. La France et l'Angleterre avaient fait des menaces, envoyé des commissaires, et je fus envoyé, en cette qualité, par le gouvernement républicain. J'avais donné ma parole d'honneur de faire cesser ces crimes, et j'ai tenu ma parole.

J'ai dû conspirer pour réussir dans ma mission. Dès le lendemain de mon arrivée, j'avais fait arrêter trente-deux individus qui appartenaient au parti ultrà-républicain ; je les fis juger, et, en cinq jours, tous les crimes avaient cessé. Je reçus les salutations et félicitations de tout le monde. Ma popularité s'est évanouie, et un coup de fusil fut tiré sur moi. Dans une proclamation que je publiai, je disais : « La République n'est pas l'assassinat. Car, je dois le dire ici publiquement, l'assassinat n'entre pas dans mes principes (rumeurs au fond de l'auditoire). Il faut que la liberté de l'Italie se fonde, non par l'assassinat, mais par la douceur, par les mœurs et par la vertu. »

J'avais institué une junte militaire contre des individus qui avaient déraciné des arbres de la Liberté. Ceux qui avaient fait cela étaient tout bonnement des traîtres, car ils appartenaient à l'administration. Or, dans la révolution, il faut faire vite : ils furent condamnés à mort !

Les trois condamnés allaient être exécutés ; mais, me souvenant que j'étais homme avant d'être fonctionnaire, et sachant d'ailleurs que mon parti allait succomber, je me dis : « C'est une barbarie de faire ainsi des victimes. » Le jour même où ils allaient être exécutés, ils étaient déjà entre les mains des prêtres qui les préparaient à la mort, lorsque j'envoyai l'ordre d'ajourner l'exécution.

Plus tard, les Français nous ont chassés ; j'ai dû prendre la fuite à travers les montagnes, emmenant toujours avec moi et protégeant ces trois hommes, que j'avais sauvés de la mort. Aujourd'hui, ces trois hommes que j'ai sauvés ont de bonnes places dans le gouvernement papal, et cela grâce à moi.

Quant à ma conduite dans ma mission, voici ce que je dis : J'étais dans une province éloignée, entouré d'ennemis ; j'ai dû me servir du système des réquisitions forcées. Depuis le rétablissement du gouvernement papal, les choses ont bien changé. On parle de condamnations prononcées contre moi. Si les magistrats de France, qui sont si probes, si éclairés, si pleins de justice, prenaient la peine d'aller dans ce pays, dans les Etats-Romains, ils sauraient ce que c'est que ces Tribunaux, dans lesquels toutes les formes de la justice sont violées, et qui n'obéissent qu'à des inspirations politiques et à des sentiments de vengeance.

M. le président. — Voici, messieurs les jurés, la contre-partie de ce que vient de dire l'accusé : Il résulte des décisions qui sont au dossier qu'il a été déclaré coupable : 1° d'un vol de 1,000 scudi romains ; 2° de concussion et de vol d'un cheval; 3° d'abus d'autorité; 4° de concussion et de vol d'une mule avec violence; 5° d'un vol avec violence de 20 et de moins de 100 scudi; 6° de vol d'une somme de 20 écus; 7° d'un autre vol; 8° de concussion au préjudice d'un curé; 9° de vol avec violence et d'extorsion; 10° de vol de bêtes chevalines; 11° de vol d'une jument caparaçonnée; 12° de voies de fait et d'extorsion d'argent; 13° d'extorsions et de concussions au préjudice de diverses communes. Et voilà pourquoi l'accusé Orsini a dû prendre la fuite.

Orsini.— Ce n'est pas devant un jugement que j'ai pris la fuite. Lors de la prise de Rome, il a été dit que ne pourraient rester en Italie : 1° ceux qui avaient voté la déchéance du pape (et je l'avais votée); 2° ceux qui avaient été amnistiés par le pape, et je l'avais été. J'ai donc été contraint de quitter mon pays. Voilà pourquoi j'ai fui. Et puis, voilà que trois ans après on m'accuse de vols et d'exactions. Mais, messieurs, quand on a des troupes à nourrir et rien à leur donner, il faut faire des réquisitions. C'étaient des emprunts forcés que j'ordonnais, et ils devaient être remboursés par le gouvernement républicain. Mais le gouvernement fut renversé, et on pourrait retrouver à Rome les ordres que j'avais donnés pour le payement. Voilà ce qui a fait l'objet de ces condamnations par contumace.

M. le premier président. — Qui vous avait donné des renseignements sur la marche des voitures de l'Empereur et sur l'ordre du cortége?

Orsini. — Je ne dois dire la vérité qu'en ce qui me concerne. Quelques jours avant le 14 janvier, j'avais vu un soir une illumination et j'avais demandé ce que c'était. Un pauvre ouvrier me dit : « C'est l'Empereur qui va chez son tailleur. » Je demandai si je ne pourrais pas le voir; il me répondit que non, que c'était bien difficile. J'interrogeai alors un sergent de ville, qui me dit que l'Empereur allait à l'Opéra. Comme je ne l'avais jamais vu, je pris un billet d'orchestre et j'entrai dans la salle. Je remarquai ce jour-là que lorsque l'Empereur venait à l'Opéra on illuminait la façade du théâtre d'une manière particulière. Le 14 janvier j'ai su, en voyant dans la journée les préparatifs d'illuminations, j'ai compris que l'Empereur irait le soir à l'Opéra; j'avais d'ailleurs vu l'affiche, où l'on annonçait une représentation au bénéfice d'un monsieur... d'un monsieur..., je ne sais plus le nom..., et je suis venu le soir.

M. le premier président. — Deux voitures précédaient celle de l'Empereur; comment se fait-il qu'on n'ait pas jeté de bombes sous ces voitures? vous saviez donc que ce n'était pas celle de l'Empereur?

Orsini. — Ceux qui ont lancé les bombes ont jugé par eux-mêmes.

M. le premier président. — Et l'ordre donné à de Rudio?

Orsini. — Je le nie. Quand j'ai donné ma parole d'honneur de dire la vérité, on peut y croire. Dans le procès autrichien, on me disait : « Voulez-vous donner sur tel fait votre parole d'honneur? » Je disais : Non, quand je ne voulais pas dire la vérité.

M. le premier président. — Cependant, dans l'instruction, vous n'avez pas craint de vous rétracter bien souvent. D'où venait l'argent trouvé en votre possession?

Orsini. — Du produit de mes lectures en Angleterre. Mon passé, mon évasion de Mantoue avaient appelé l'attention sur moi en Angleterre. Mes lectures étaient très-suivies, et l'on payait cher pour y assister. Kossuth a gagné ainsi plus de 18,000 livres sterling.

M. le premier président. — Dans le cas où votre abominable attentat eût réussi, sur quel concours comptiez-vous à Paris ?

Orsini. — Je me disais : quand il sera arrivé quelque chose à Paris, cela abattra peut-être le système suivi en France quant à l'Italie, et amènera un soulèvement dans mon pays.

M. le premier président. — Et c'est dans l'espérance d'un soulèvement et pour rendre à l'Italie la liberté de 1849, que vous êtes devenu un assassin en France ?

Orsini. — Je voulais donner à l'Italie l'indépendance, car sans indépendance il n'y a pas de liberté possible. J'ai écrit dans ce sens à M. de Cavour... il ne m'a pas répondu.

M. le premier président. — Vous vouliez, je le répète, donner à l'Italie la liberté qu'elle avait eue en 1849, la liberté des triumvirs avec le meurtre et le vol. Et vous n'avez pas reculé devant les épouvantables désastres que devait entraîner votre attentat. Asseyez-vous.

PIÉRI

Piéri, lui, se borna à nier toute participation au complot.

Ce fut entre de Rudio et lui une sorte de lutte.

Orsini, convié plusieurs fois à s'en mêler, s'y refusa absolument.

Il se laissa même charger sans répondre.

« Je ne veux pas dire un mensonge, se contenta-t-il de répondre : je ne veux nuire à personne en disant la vérité. »

Convenons pourtant que Piéri, s'il n'avait pas la dignité sereine d'Orsini, s'il avait même dans son allure quelque chose de théâtral et d'emprunté qui s'harmonisait merveilleusement avec sa nature exubérante et italienne, Piéri fut plus ferme, moins abattu que de Rudio et Gomez, moins préoccupé du désir exclusif de sauver sa tête.

M. le procureur général Chaix-d'Estange rappelle éloquemment toutes les charges de l'accusation ; puis Mᶜ Jules Favre prend la parole en ces termes :

« Messieurs les jurés,

« Je voudrais, pour un instant, pouvoir écarter de mon âme les émotions douloureuses qui l'assiégent, pour rendre un public et sincère hommage d'admiration à l'orateur éminent que vous venez d'entendre. Il a longtemps illustré notre ordre, où sa place est restée vide, où le souvenir de sa personne restera aimé et glorieux. Il devait jeter un grand éclat sur les fonctions redoutables qu'il a acceptées et qui devaient emprunter une nouvelle autorité du prestige de sa parole.

« Et cependant, il y avait devant lui un

écueil : c'était de ne rencontrer aucun obstacle, de n'avoir à combattre aucun adversaire sérieux.

« Il n'avait pas besoin, messieurs, de faire devant vous cet éloquent appel à la pitié que vous avez entendu, pour que nous fussions tous saisis ici d'épouvante et d'effroi au récit de la sanglante tragédie qui a signalé la soirée du 14 janvier, et, avant d'entrer ici, tous les cœurs étaient unanimes sur l'horreur de ces faits.

Nous pouvons différer d'opinions, M. le procureur général et moi ; je demande la permission de ne pas m'incliner devant les principes et devant les hommes qu'il défend ; je demande la permission de conserver dans mon cœur le dépôt sacré de mes impressions et mes croyances ; monsieur le procureur général sait aussi bien que moi que ces croyances n'ont pas pour symbole l'assassinat et le poignard. Je déteste la violence, et je condamne la force quand elle n'est pas employée au service du droit. S'il était une nation assez malheureuse pour tomber entre les mains d'un despote, ce ne serait pas le poignard qui briserait ses chaînes. Dieu, qui les compte, sait les heures des despotes : il leur réserve des catastrophes plus inévitables que les machines des conspirateurs.

Voilà, messieurs, voilà ma foi profonde, et cependant, quand Orsini a fait appel à ma parole, je ne l'ai pas repoussé. J'ai compris quel fardeau terrible j'acceptais, combien la défense était pleine d'inanité, et je ne me suis pas dissimulé l'inutilité des efforts que je pourrais faire devant vous.

Tout cela, je le lui ai dit avec franchise, avec franchise aussi, comme je le fais ici, je lui ai exprimé l'horreur que m'inspirait son forfait. Mais, en même temps, j'ai été touché de son malheur, de sa constance dans le but qu'il poursuivait, de son dévouement, des sacrifices de toute nature qu'il a faits pour son pays. Je lui ai dit : Italien, fils d'une patrie opprimée par l'étranger, j'aurais voulu souffrir comme vous, j'aurais voulu verser mon sang pour elle ! offrez votre tête en holocauste à la société que vous avez offensé, à la loi que vous avez méconnue et violée ! Votre vie va disparaître pour expier le crime que vous avez commis ! J'irai avec vous devant le jury, non pas pour glorifier mais pour expliquer votre conduite, pour dire sous l'empire de quels sentiments vous avez commis cet acte que je déplore et que je condamne ; j'irai pour faire luire sur votre âme immortelle qui va retourner vers Dieu un rayon de cette vérité qui pourra dans l'avenir protéger et défendre votre mémoire.

« Il ne m'appartient pas, messieurs, à moi qui n'ai pas les priviléges dont M. le procureur général est investi, de rechercher les causes qui depuis tant d'années, dans notre société troublée, ramènent si souvent de pareils forfaits. Et pourtant, c'est bien le moins que la société, au moment de frapper un de ses membres, puisse se recueillir et rechercher le mobile et l'intérêt des crimes qu'elle va punir. C'est donc sur la tête d'Orsini que ma faible main va s'étendre, non pour le sauver, non pour le défendre, mais pour expliquer à quel funeste entraînement il a cédé, et enfin pour réveiller dans vos cœurs quelques-uns des sentiments qui sont dans le mien.

« Quoi qu'en dise M. le procureur général, Orsini n'a cédé ni à une pensée de convoitise, ni à des idées d'ambition, et il n'a obéi à aucun sentiment de haine. Quand on a parlé de tout cela, ce n'est pas l'histoire d'Orsini qu'on vous a faite. Sa vie entière proteste contre de semblables imputations. Italien, il a lutté toute sa vie contre l'oppression de sa patrie par l'étranger. Il a reçu cet amour de la patrie avec le sang de son père ; il a sucé, avec le lait de sa mère, les principes pour lesquels il s'est sacrifié.

« Orsini, son père, a servi dans les rangs de nos glorieuses armées. Capitaine dans la grande armée, il a suivi la révolution française jusque dans les glaces de la Russie, et partout, sur tous les champs de bataille, il a mêlé son sang au sang des soldats de la France. Quand il eut vu tomber en Italie le dernier soldat de la cause italienne, il remit son épée au fourreau, et vous ne devez pas vous étonner de le rencontrer ensuite, comme son fils plus tard, dans toutes les conspirations qui ont eu pour but l'unité et l'indépendance de l'Italie.

« C'est ainsi qu'en 1831 il figurait dans l'insurrection dirigée contre le gouvernement pontifical, dans laquelle un des principaux conjurés tombait sous les balles des sbires de l'autorité.

« Felice Orsini avait douze ans alors ; il vit cela, et vous voulez qu'il n'ait pas ressenti au cœur une haine vivace, profonde, inflexible, contre les oppresseurs de sa patrie ? Tout à l'heure M. le procureur général vous dépeignait

Orsini comme un conspirateur vulgaire, rêvant le renversement des gouvernements établis pour mettre la main sur le pouvoir et les voluptés. Ah! je le demande à M. le procureur général! Italien, est-ce qu'il ne sentirait pas le mal qui ronge sa patrie? Est-ce qu'il ne sentirait pas le poids des chaînes dans lesquelles elle se débat? La pensée à laquelle Orsini s'est dévoué, mais elle a été celle de Napoléon Ier, qui voulait l'unité de l'Italie, qui a fait beaucoup pour y arriver, et qui savait que la première chose à faire était la destruction du pouvoir temporel du pape. Voilà, messieurs, à quelle idée Orsini a tout sacrifié, et voilà ce qui l'a conduit dans un complot qui le faisait condamner en 1845, ainsi qu'on vous l'a dit.

« Il fut bientôt amnistié, et il trahit, dit-on, presqu'aussitôt le serment qu'il avait prêté. Non, non, il n'a pas trahi son serment. S'il conspire encore, c'est en Toscane, c'est contre l'Autriche, c'est pour faire cesser son oppression sur l'Italie. Puis éclatent les événements de 1848, sur lesquels je ne peux ni ne veux m'expliquer ici, mais sur lesquels je me bornerai à dire que, lorsque le manifeste de M. de Lamartine apparut, il fut salué d'une acclamation unanime, et que le drapeau de l'Autriche se replia avec effroi et disparut de l'Italie.

« On ne peut dire qu'alors Orsini a conspiré, qu'il a renversé le gouvernement papal. Nous le trouvons dans l'Assemblée constituante romaine, où il est entré en vertu du suffrage universel. Comment en est-il sorti? Dieu me préserve de laisser tomber dans cette défense une seule parole d'amertume ou d'agression ! mais j'ai le droit de dire que c'est l'Europe qui a renversé cette Assemblée, que c'est le canon de la France qui l'a dispersée.

« Est-ce qu'il n'y avait pas dans ce fait une contradiction politique contre laquelle la raison et le patriotisme des Italiens, la raison et le patriotisme d'Orsini devaient s'insurger ? Est-ce que vous ne comprenez pas maintenant que ce qu'il a voulu, c'est briser les fers dans lesquels sa patrie était replacée ; c'est faire cesser l'oppression sous laquelle elle gémit ? Aussi nous le retrouvons bientôt en Autriche, où il est allé chercher des soutiens, des soldats pour sa cause ; il veut les enrôler contre le drapeau oppresseur ; il veut les associer à sa pensée généreuse. A Vienne, et sous le nom d'Herwag, il est poursuivi toujours par le démon qui l'obsède... et bientôt, saisi et enfermé dans la citadelle de Mantoue, qui est un tombeau, il y reste pendant dix mois, sous la menace incessante d'une mort ignominieuse : et il ne fléchit pas, et il force ses juges à reconnaître qu'il n'a obéi qu'à des pensées du plus pur patriotisme.

« Cependant il fut condamné, et pendant que l'instrument du supplice allait se dresser, quand sa mort était préparée, une femme, sachant que c'est pour l'Italie, pour la patrie qu'il va mourir, une femme, dis-je, n'a pas voulu qu'il mourût ! Avec cette délicatesse, ce dévouement et cette adresse dont les femmes dévouées sont seules capables ; grâces à des intelligences pratiquées dans l'intimité même de la citadelle, elle lui fait parvenir les instruments de la délivrance. Huit

barreaux sont sciés ; vous dire ce qu'il a fallu dé-
penser de temps et de patience pour arriver à
ce résultat, je ne saurais le faire. Mais, enfin,
à l'aide d'une échelle de linge, il s'évade à une
hauteur de plus de 40 mètres, et il tombe blessé
dans les fossés de la citadelle. Il se traîne, passe
quarante-huit heures dans un étang glacé ; il est
recueilli par des chasseurs... Vous voyez bien,
messieurs, que la Providence ne voulait pas
qu'il mourût...

« Pourquoi ne l'a-t-elle pas voulu? Ah ! Messieurs, que savons-nous des choses et des desseins de la Providence? Quoi qu'il en soit, le
voilà dans une entreprise que j'abhorre ! Qu'ai-je
besoin d'une défense ultérieure ?

« Est-ce que je vais m'abaisser à discuter des
témoignages et des preuves? Est-ce que vous
n'êtes pas certains qn'Orsini n'a cédé qu'aux en-
traînements que je vous signalais? Est-ce que
vous n'êtes pas convaincus qu'au moment où il
allait exécuter le crime qu'il déplore, qu'il voudrait pouvoir racheter au prix de son sang, il
n'avait devant les yeux que le bien, l'affranchis-
sement et l'indépendance de sa patrie? Qu'il
obéissait à de grandes pensées qui ont pu être
flétries avec éloquence dans un procès d'assassinat?

« Messieurs, dans les cabinets des rois il peut
y avoir des hommes qui disent à une nation :
Votre gouvernement me déplaît, et je le change!
Et alors une nation se précipite sur une autre,
et le gouvernement est changé. En 1815, Napoléon, malgré sa puissance et le prestige attaché
à son nom et à sa force, a dû céder devant un

fait semblable. Eh bien! le gouvernement qui l'a remplacé, que d'autres nations avaient imposé à la France, est-ce qu'il n'a pas été impopulaire et détesté? Est-ce qu'il n'a pas été poursuivi sans relâche par des conspirateurs que je ne veux pas glorifier dans l'enceinte de la justice, mais dont le souvenir et les noms sont restés entourés d'une auréole de patriotisme?

« Eh bien! Italien, Orsini a conspiré pour sa patrie. Descendez dans son cœur, mais ne le méprisez pas! Ne joignez pas au crime qu'il a commis, et que je n'excuse pas, l'accusation accessoire qui comprend les nombreuses victimes de l'attentat du 14 janvier! De la mort de ces victimes, il répondra devant Dieu; mais il n'a pas à répondre devant la justice des hommes, car, pour la loi criminelle, le crime est dans l'intention.

« Aussi M. le procureur général, dans le réquisitoire que vous avez entendu, et dont la loyauté n'est pas le moindre mérite, n'a-t-il pas insisté sur ses accusations accessoires? je n'en dirai donc rien de plus.

« Vous parlerai-je aussi des réticences dans lesquelles Orsini a enveloppé ses explications, des contradictions dans lesquelles il est tombé dans ses interrogatoires? Voyons, où est l'intérêt de tout cela?

« Est-ce qu'il est douteux pour quelqu'un ici qu'Orsini offre sa tête en expiation de son crime? Dites qu'il n'a pas toujours été uniforme dans ses explications, c'est vrai. Ses coaccusés avaient varié dans leurs réponses; il a fait comme eux, et les a suivis : voilà tout. Mais le vrai jour de la justice, c'est celui où l'accusé comparaît devant vous; c'est là qu'il apporte sa dernière parole, ses dernières explications, ses justifications et sa défense. Ecoutez donc l'accusé, et dites si ses paroles sont des paroles de forfanterie ou de faiblesse?

« Tenez, il a laissé son testament, sa prière, dans un écrit adressé de sa prison à l'Empereur, écrit que je vais vous lire après en avoir obtenu la permission de celui-là même à qui il a été adressé.

Voici comment il est conçu :

A NAPOLÉON III, EMPEREUR DES FRANÇAIS.

« Les dépositions que j'ai faites contre moi-même dans ce procès politique, intenté à l'occasion de l'attentat du 14 janvier, sont suffisantes pour m'envoyer à la mort, et je la subirai sans demander grâce, tant parce que je ne m'humilierai jamais devant celui qui a tué la liberté naissante de ma malheureuse patrie, que parce que, dans la situation où je me trouve, la mort est pour moi un bienfait.

« Près de la fin de ma carrière, je veux néanmoins tenter un dernier effort pour venir en aide à l'Italie, dont l'indépendance m'a fait jusqu'à ce jour braver tous les périls, aller au-devant de tous les sacrifices. Elle fait l'objet constant de toutes mes affections, et c'est cette dernière pensée que je veux déposer dans les paroles que j'adresse à Votre Majesté.

« Pour maintenir l'équilibre actuel de l'Europe, il faut rendre l'Italie indépendante, ou resserrer les chaînes sous lesquelles l'Autriche la tient en esclavage. Demanderai-je pour sa délivrance que le sang des Français soit répandu pour les Italiens ? Non. Je ne vais pas jusque là. L'Italie demande que la France n'intervienne pas contre elle ; elle demande que la France ne permette pas à l'Allemagne d'appuyer l'Autriche dans les luttes qui vont peut-être bientôt s'engager. Or, c'est précisément ce que Votre Majesté peut faire, si elle veut. De cette volonté dépendent le bien-être ou les malheurs de ma patrie, la vie ou la mort d'une nation à qui l'Europe est en grande partie redevable de sa civilisation.

« Telle est la prière que de mon cachot j'ose adresser à Votre Majesté, ne désespérant pas que ma faible voix ne soit entendue. J'adjure Votre Majesté de rendre à ma patrie l'indépendance que ses enfants ont perdue en 1849, par la faute même des Français.

« Que Votre Majesté se rappelle que les Italiens, au milieu desquels était mon père, versèrent avec joie leur sang pour Napoléon-le-Grand, partout où il lui plut de les conduire ;

qu'elle se rappelle qu'ils lui furent fidèles jusqu'à sa chute, qu'elle se rappelle que tant que l'Italie ne sera pas indépendante, la tranquillité de l'Europe et celle de Votre Majesté ne seront qu'une chimère. Que Votre Majesté ne repousse pas le vœu suprême d'un patriote, sur les marches de l'échafaud, qu'elle délivre ma patrie, et les bénédictions de 25 millions de citoyens la suivront dans la postérité.

« De la prison de Mazas,

« Signé Félix Orsini.

« 11 février 1858. »

« Telle est, Messieurs, la dernière parole d'Orsini; elle est, vous le voyez, conséquente avec tous les actes de sa vie.

« Sans doute, on peut dire que c'est à lui une grande témérité de s'adresser à celui-là même dont la vie était un obstacle à la réalisation de ses idées; mais, engagé dans la périlleuse entreprise que vous savez, il y a échoué, grâce au ciel! Il s'est incliné devant Dieu, dont il a compris que les décrets condamnaient son entreprise. Aujourd'hui, il va mourir! Du bord de sa tombe, il s'adresse à celui contre qui il n'a aucun sentiment de haine; à celui qui peut être le sauveur de sa patrie, et il lui dit : Prince, vous vous glorifiez d'être sorti des entrailles du peuple, du suffrage universel; eh bien! reprenez les idées de votre glorieux prédécesseur; prince, n'écoutez pas les flatteurs; soyez grand et magnanime, et vous serez invulnérable.

« Voilà ses paroles, et je me garderai bien de les commenter ; je n'ai ni la puissance, ni la liberté de dire ici tout ce qui est dans mon cœur. Mais ces paroles expliquent clairement les pensées auxquelles Orsini a obéi, et qui l'ont entraîné dans son entreprise fatale.

Vous n'avez pas besoin, MM. les jurés, des adjurations de M. le procureur général ; vous ferez votre devoir sans passion et sans faiblesse. Mais Dieu qui est au-dessus de nous ; Dieu, devant qui comparaissent les accusés et leurs juges ; Dieu qui nous jugera tous ; Dieu qui mesurera l'étendue de nos fautes : Dieu prononcera aussi sur cet homme, et lui accordera peut-être un pardon que les juges de la terre auront cru impossible.

Le 20 février, à cinq heures moins dix minutes, le jury se retirait dans la salle de ses délibérations.

Il en sortait à sept heures et demie.

Il répondait affirmativement à 148 des questions qui lui avaient été posées, négativement à 25.

Orsini, Piéri, Gomez attendirent, sans émotion apparente, la lecture du verdict. Des circonstances atténuantes avaient été admises en faveur du dernier.

De Rudio implora la clémence de ses juges.

La Cour, après une demi-heure de délibération, prononce au milieu du plus profond silence un arrêt qui condamne :

Orsini, Piéri et de Rudio à la peine des parricides ;

Gomez aux travaux forcés à perpétuité.

Orsini, Piéri et de Rudio se pourvurent en cassation ; mais leur pourvoi fut rejeté.

De Rudio, grâce à l'intervention de l'Impératrice, vit sa peine commuée en celle des travaux forcés à perpétuité.

Restaient donc Orsini et Piéri.

Ni l'un ni l'autre n'avait voulu solliciter sa grâce ; et, si des démarches ont été faites dans ce sens, c'est par une dérogation généreuse à leurs intentions formellement manifestées.

Le samedi 13 mars, à six heures, on vint les prévenir que le moment fatal était arrivé.

Ils reçurent la nouvelle avec l'attitude qu'ils avaient conservée depuis leur entrée à la Roquette.

Derniers moments d'Orsini et de Piéri.

Pendant les préparatifs suprêmes, Orsini restait calme, impassible, méditatif, comme indifférent.

Piéri, très-agité, très-surexcité. Tandis qu'on lui coupait le col de la chemise, ses dents claquaient, et entre les deux condamnés s'établit le dialogue que voici :

— Eh ! Piéri ! du calme ! dit Orsini, qui tourna le dos à son complice.

— Du calme ? vous en parlez à votre aise, vous qui en avez toujours !

— Auriez-vous peur ? reprit Orsini.

Et, s'adressant à un geôlier, il ajouta ces mots terribles :

— Veuillez prier monsieur l'exécuteur de ne pas jeter ma tête dans le même panier que celle de cet homme qui tremble !

Vers six heures trois quarts le funèbre cortége se mettait en marche.

Piéri marchait le premier, conduit par l'abbé Nottet et l'exécuteur de Paris. Orsini venait ensuite, accompagné de l'abbé Hugon et de l'exécuteur de Rouen.

Tous deux étaient nu-pieds, enveloppés d'une longue chemise blanche, la tête couverte d'un voile noir.

Ainsi le voulaient les prescriptions de la loi.

Dès la sortie de la prison, Piéri avait entonné le *Chant des Girondins*, et c'était vraiment quelque chose de lugubre que de voir le voile noir qui couvrait sa figure, se soulevant périodiquement sous la respiration haletante et les chants patriotiques du condamné,

Orsini continuait à garder le silence.

Arrivés au pied de l'échafaud, quand on les découvrit, qu'on vit tout à coup la figure impassible et sereine de cet homme qui allait mourir, il y eut dans la foule un murmure d'étonnement.

On raconte qu'un garde de Paris tomba évanoui et que l'huissier même, chargé de lire l'arrêt de mort, éprouva sur le coup une commotion terrible dont il fut quelques secondes à se remettre.

Les deux condamnés gravirent ainsi les marches de l'échafaud.

Parvenus sur la plate-forme, ils y restèrent exposés et purent contempler tout à leur aise la fatale machine, tandis que l'huissier faisait lecture de la sentence.

Puis les exécuteurs s'emparèrent de Piéri qui chantait toujours :

> Mourir pour la patrie,
> C'est le sort le plus beau, le plus digne d'envie

Ses dernières paroles expirèrent sous le couperet.

Alors Orsini sentant son tour venir, se départit de son mutisme.

Avant de se livrer lui-même aux exécuteurs, il se tourna vers la foule et, d'une voix pleine, grave, vibrante, comme solennelle, il lança au peuple ce double cri :

Vive l'Italie !
Vive la France!

VIII

Complot Grecco, Imperatori.

La mort d'Orsini paraissait devoir intimider les conspirateurs ?

Vain espoir.

Le 25 décembre 1863 arrivent à Paris quatre Italiens venant de Suisse : Grecco, Imperatori, Scaglioni dit Maspoli, et Trabucco. Les trois premiers descendirent à l'hôtel Santa-Maria, rue de Rivoli, 82. Trabucco alla se loger à quelques pas de là, rue Saint-Honoré.

Ces individus étaient signalés depuis longtemps à la police française.

Dès les premiers jours leurs allures parurent plus que suspectes, et l'on fut convaincu qu'ils en voulaient à la vie de l'Empereur. C'était le moment de les arrêter.

10

Trabucco et Grecco furent les deux premiers dont on s'assura.

On saisit chez eux :

1° Un poignard et deux bombes roulées dans un mouchoir, remplies de poudre, et garnies, l'une, de douze cheminées, l'autre de dix.

2° Une boîte en bois blanc contenant deux fourreaux de revolvers, trois paquets de capsules, et un instrument propre à monter les cheminées des bombes.

Le même jour, à sept heures du soir, Imperatori et Maspoli sont aussi arrêtés, et l'on trouve dans les tiroirs de la commode du dernier quatre bombes chargées de poudre, garnies chacune de dix cheminées, un revolver à six coups, chargé et amorcé, quatre paquets de poudre, un paquet de balles, trois boîtes de capsules, deux poignards et divers autres objets se rattachant à l'emploi des armes à feu.

En outre, dans un étui de voyage de Grecco, on avait trouvé un fusil-canne, un poignard, des cartouches de revolver, et plusieurs écrits dont quelques-uns émanaient de Mazzini.

Les accusés avouent qu'ils sont venus à Paris pour renouveler l'attentat d'Orsini.

La Cour les condamna : —Grecco et Trabucco à la déportation, — Imperatori et Scaglioni dit Maspoli à vingt années de détention.

IX.

Complot de 1870.

Depuis quelque temps la police avait recueilli des indications sur un nommé Beaury, qui lui était signalé comme agent du comité révolutionnaire de Londres.

Arrêté le jeudi 28 avril, Beaury fut trouvé porteur d'un revolver à six coups, et on saisit sur lui une correspondance qui ne laissait aucun doute sur son projet d'assassiner l'Empereur. Au nombre des lettres saisies sur lui, il s'en trouvait une de Gustave Flourens, finissant ainsi : « Il n'y a pas un moment à perdre.... Ne sortez que de nuit, ou en voiture. Ménagez l'argent. Pas d'imprudence. Je suis avec vous de cœur. Ne manquez pas, peut-être serai-je très-vite à Paris pour vous soutenir. Tout dépend de vous. Encore une fois, ce que je vous disais ici : Ou il fallait ne pas s'en mêler ou réussir. »

En présence de ces preuves accablantes, Beaury a fait des aveux, à la suite desquels plusieurs individus compromis ont été arrêtés. Les arrestations ont permis de saisir, indépendamment de papiers importants, une partie des

engins destinés soit à la perpétration d'un attentat à la vie du souverain, soit à une lutte insurrectionnelle qui devait suivre l'attentat.

L'homme qui était le détenteur de ces bombes
est un nommé Roussel. Son arrestation a été
opérée dans la nuit de jeudi à vendredi ; il par-
vint cependant à prendre la fuite.

Revenons à Beaury.

C'est un garçon de 22 ans, châtain de cheveux, maigre de visage, petit de taille. Nature
énergique et résolue.

Beaury est né à Barcelone de parents français. Il est venu de bonne heure en France, où il
a fait ses études et où il a obtenu le diplôme de
bachelier ès-sciences. Il s'exprime en termes
très-nets et avec une vivacité toute méridio-
nale.

Voici maintenant de quelle façon il a été
arrêté :

Depuis trois jours, la police anglaise avait
annoncé l'arrivée de Beaury. Toutes les mesures
étaient donc prises. Les agents ne perdaient pas
sa trace.

Dans la matinée du 28, M. Lagrange et deux
de ses agents le suivirent, dès la première heure,
en voiture découverte. Selon les conseils qu'il
avait reçus, Beaury, de son côté, ne sortait
qu'en voiture fermée.

Voulant sans doute prendre les dernières instructions et se rendre un compte exact de l'ésprit
des quartiers ouvriers, Beaury se rendit au fau-
bourg Saint-Antoine et à Belleville. Il en revint
vers neuf heures. La voiture allait très-vite : il
se sentait suivi et faisait prendre au cocher des
rues détournées.

Il s'arrêta rue des Moulins, descendit de
voiture et regarda autour de lui ; puis il se di-
rigea vers la maison où sa valise était restée.

C'est à ce moment que M. Lagrange descendit
seul de la voiture découverte qui suivait celle de
Beaury, en ordonnant à ses agents de ne pas
bouger et d'attendre le signal convenu.

Il s'avança au-devant de Beaury, en l'appelant de son prénom, *Camille.*

— Comment allez-vous ?

— Je ne vous connais pas. Qui êtes-vous ?

Et pendant que Beaury cherchait à se rappeler le nom et la figure de son interlocuteur,
M. Lagrange fit le signal convenu, les agents
arrivèrent rapidement, saisirent les mains de
Beaury, les rabattirent vivement en arrière
pendant que M. Lagrange lui disait :

— Je suis Lagrange, commissaire de police,
et je vous arrête !

Séance tenante, et dans la rue même, peu
fréquentée à cette heure-là, on enleva à Beaury

la lettre de M. Flourens, écrite sur du papier
pelure d'oignon. On trouva en outre sur lui un
revolver de luxe à six coups chargé, un brouillon
de lettre écrit par Beaury lui-même et adressé
à M. Flourens. Il lui demandait de l'argent et
disait : « L'amputation (l'assassinat de l'Empereur) aura lieu le 29 au soir. »

Beaury fut immédiatement transféré à la Préfecture de police, puis écroué à Mazas. Il ré-
sulta de son premier interrogatoire qu'il avait
vu à Londres M. Flourens et que c'est de concert avec lui que ce plan fut arrêté.

Depuis son arrivée à Paris, il n'osait pas coucher deux nuits de suite dans le même hôtel.

Les révélations de Beaury amenèrent le jour
même plusieurs arrestations tant à Paris qu'à
Lyon. Il a fait depuis de nouveaux aveux, qui
ont été suivis de nouvelles arrestations, celles
notamment de l'avocat Protot, défenseur de
Mégy, et de vingt-cinq chefs de sections de
l'*Internationale*, dont le siége principal est à
Londres.

Description des bombes

Il faut se présenter une sorte de disque
aplati formé de deux parties identiques rappro-
chées par un écrou.

Le diamètre extérieur est de 13 centimètres, l'épaisseur est de 8 millimètres environ. Chaque bombe pèse à peu près quatre kilogrammes.

Le point où les deux parties superposées se rapprochent est percé de 18 trous, ayant un diamètre de 5 millimètres et pouvant permettre d'y adapter des cheminées de fusils, armées de capsules fulminantes. Quelques-uns de ces trous peuvent être destinés à laisser pénétrer une certaine quantité d'air, ce qui, paraît-il, double la force explosible des matières fulminantes dont la bombe doit être garnie.

L'intérieur de ces dangereux projectiles est évidé et est garni de quatre petits tubes en verre, d'un centimètre de diamètre et de cinq centimètres de longueur, lesquels devaient être garnis de picrate de potasse.

De l'un des trous de la bombe sort un fort brin de fer dont la tête aplatie est retenue à l'intérieur, et dont l'extrémité extérieure est coudée en forme d'anneau ; dans cet anneau passe un autre fil de fer de 5 millimètres de diamètre, lequel s'allonge en forme de poignée et a une longueur de 15 centimètres.

Cette disposition ingénieuse permet de tenir la bombe à la main sans toucher aux parties pouvant déterminer l'explosion, et en même temps elle donne |le moyen d'imprimer à la bombe un mouvement de fronde et de lui donner ainsi une force de projection considérable.

Pour quiconque a quelque notion de mécanique, les bombes de 1870 constituent un des plus formidables engins de destruction qu'il soit possible d'inventer.

Déjà 22 exemplaires de ces bombes ont été saisis. Elles sont réduites de moitié dans le *fac simile* ci-joint.

Ici s'arrêtent les renseignements exacts, connus jusqu'à ce jour.

Par un décret impérial du 4 mai, la Chambre des mises en accusation de la haute Cour de justice vient d'être convoquée pour instruire cette dernière affaire.

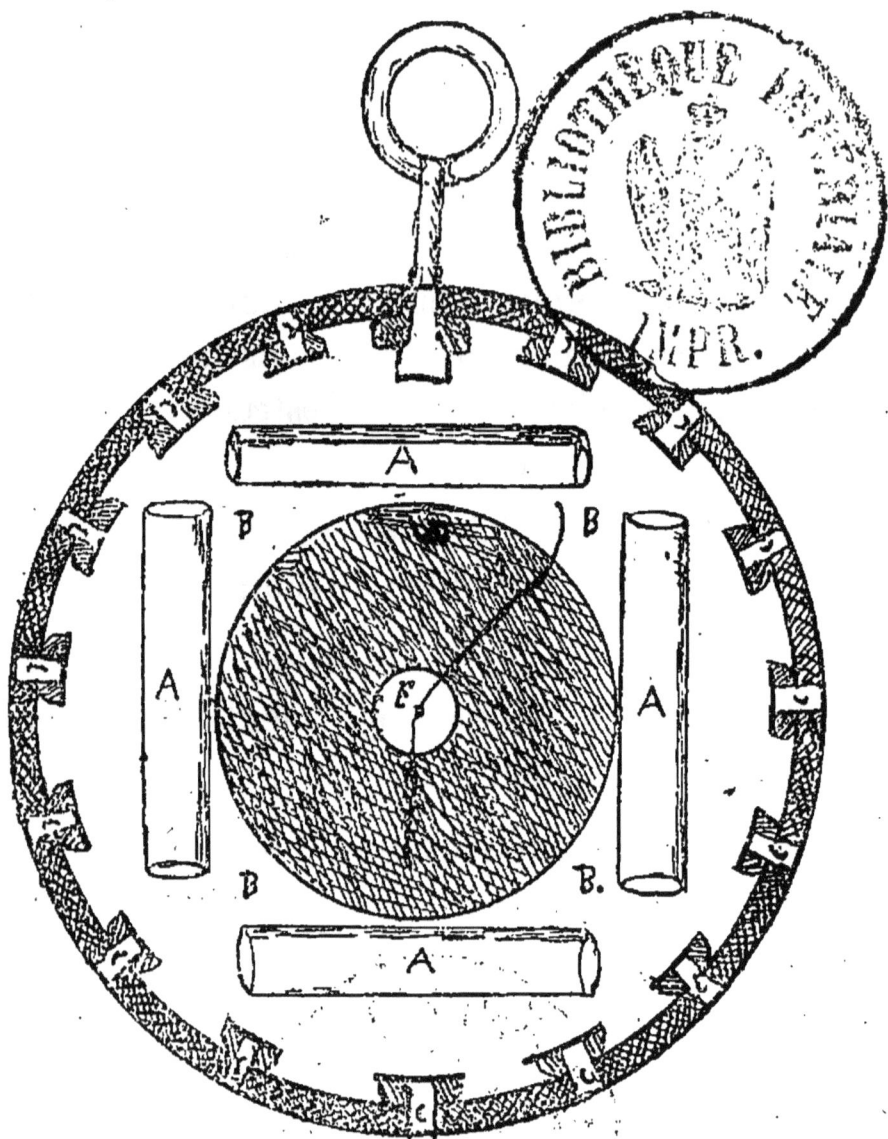

Vue intérieure de la bombe.

AAAA Tubes en verre devant contenir la matière explosible.

BBBB Partie évidée pour recevoir la poudre.

CCC Trous circulaires disposés pour recevoir un système de percussion destiné à déterminer l'explosion.

Partie pleine au centre.

E Passage du boulon réunissant les deux moitiés de la bombe.

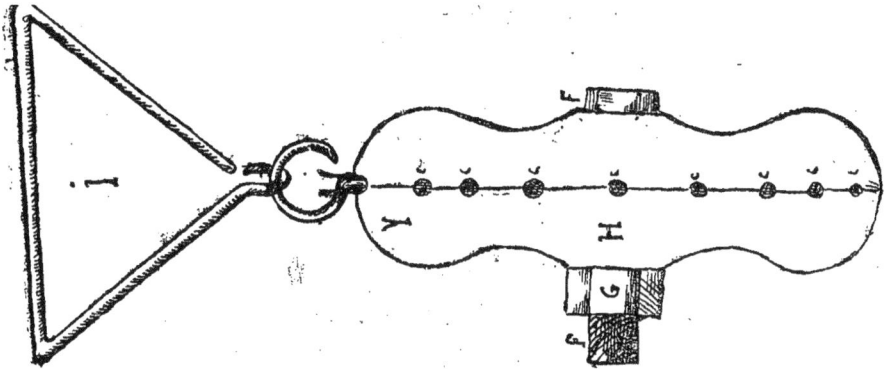

Profil de la bombe fermée.

FF   Boulon servant à rapprocher les deux parties de la bombe.
G   Ecrou.
CCC   Trous circulaires permettant d'adapter des clous destinés à déterminer l'explosion.

H   Enveloppe extérieure en fonte.
I   Appareil pour porter la bombe.

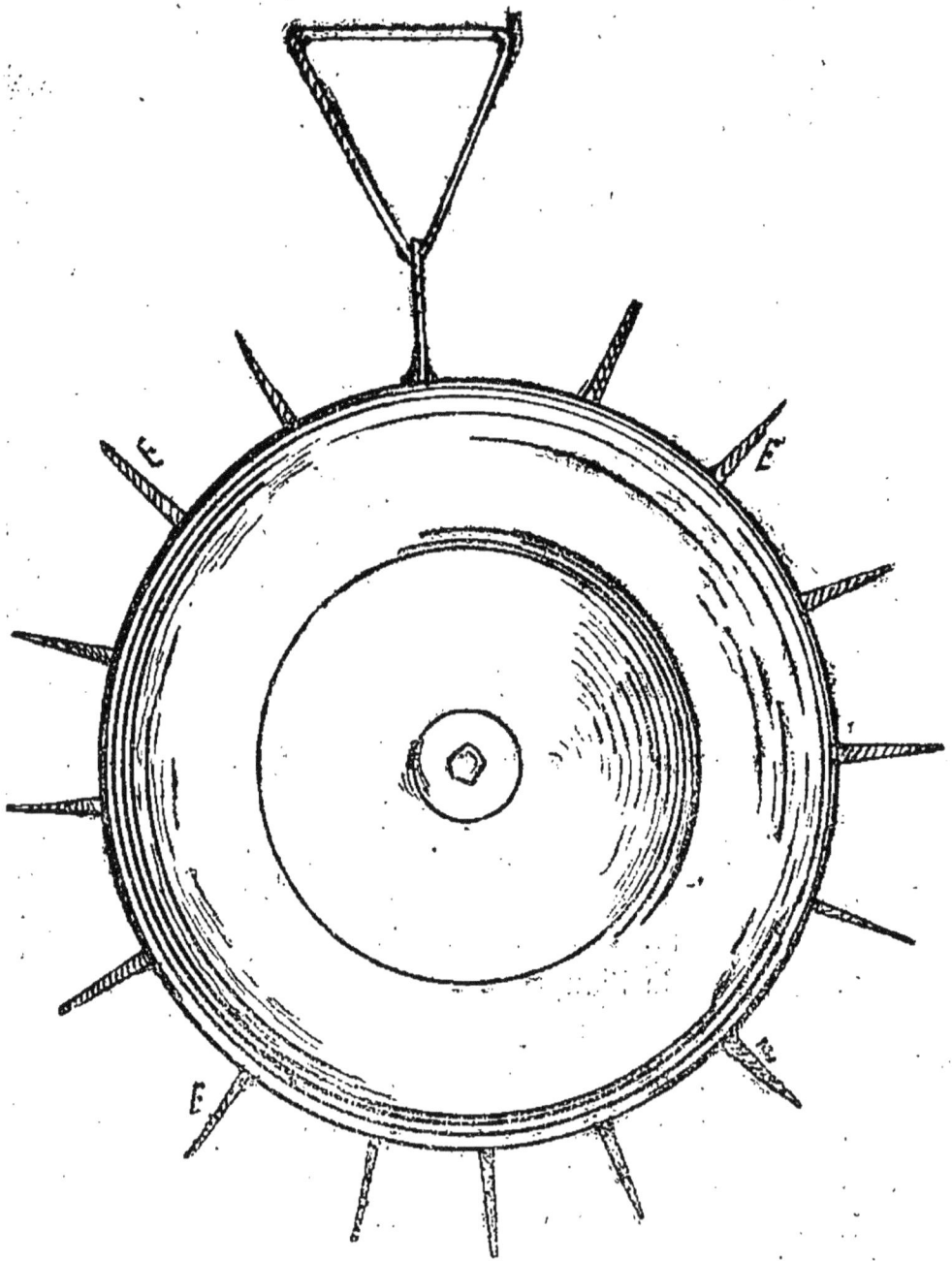

Aspect de la bombe prête à lancer.

E   Gros clous destinés à déterminer l'explosion.

TABLE DES MATIÈRES

—

Paris.—Typ. Rouge frères et Comp., rue du Four-St-German, 43.

CHEVALIER, ÉDITEUR, 61, rue de Rennes

A PARIS

LE

MAGASIN DU FOYER

Le seul et véritable Journal de la Famille, accomplit maintenant sa SIXIÈME ANNÉE ; sa collection, plusieurs fois réimprimée déjà, forme **9 MAGNIFIQUES VOLUMES.**

Le succès de cette publication si populaire n'a cessé de grandir depuis sa fondation. Les écrivains les plus distingués concourent à sa rédaction ; plusieurs même ont été couronnés par l'Académie française.

Ce journal paraît tous les dimanches, en une *Livraison de 16 pages de texte* grand format, à *deux colonnes*, avec couverture illustrée. Il est imprimé sur beau papier glacé, satiné, et renferme de nombreuses gravures, dessinées par nos meilleurs artistes et pouvant être considérées comme des chefs-d'œuvre.

L'année forme DEUX beaux VOLUMES de près de **1,000 pages.**

Rien de plus intéressant et de plus varié que le **MA-GASIN DU FOYER.**

Il publie : *Histoires,* — *Romans,* — *Nouvelles,* — *Biographies littéraires et scientifiques,* — *Voyages dans toutes les parties du Monde,* — *Articles sur les Sciences, les Beaux-Arts, la Géographie, l'Histoire naturelle,* etc.

De plus, il peut être mis dans toutes les mains, car il s'honore de joindre à *l'intérêt* le plus puissant, une *moralité* irréprochable. En un mot, il est l'Ami de la Famille.

Tout ce qui paraît dans ses colonnes est *complétement inédit*, composé exprès pour le journal. Or, le prix de ce recueil si instructif, si varié, si complet, qui s'imprime chaque semaine à **25,000 exemplaires**, et dont la rédaction est faite d'un bout à l'autre avec le plus grand soin, est seulement de **10** francs pour **un An**, et encore cette somme est elle intégralement remboursée par la Prime extraordinaire offerte aux Souscripteurs, la **Pendule-Réveille-Matin**, qui est expédiée par voie des Messageries, AUSSITÔT L'ABONNEMENT SOLDÉ, moyennant **2** francs de supplément, pour frais de port et d'emballage.

Toutes les lettres doivent être adressées à M. CHEVALIER, directeur du Journal, 61, *rue de Rennes*, à Paris, avec **12** francs, prix de l'abonnement, et du port de la Prime. — On peut s'abonner à partir du 1er de chaque mois.

N. B. — Aux Personnes qui auraient déjà une Pendule-Réveille-Matin nous offrons l'une des Primes suivantes :

1o Une belle et bonne **Montre d'homme** IMITATION OR, et clef pour la remonter, moyennant un supplément de 12 francs, soit **22** francs, *franco*, avec l'abonnement.

2o La **même Montre** AVEC DOUBLE CUVETTE, moyennant un supplément de 14 francs, soit **24** francs, *franco*, avec l'abonnement.

3o Une magnifique **Montre de Genève** EN ARGENT (18 lignes), d'une valeur de 50 francs dans le commerce, moyennant un supplément de **22** francs, c'est-à-dire **32** fr., *franco*, avec l'abonnement.

4o Une **Montre de Genève** EN ARGENT POUR DAME, (14 lignes), s'ouvrant à l'aide d'un repoussoir, d'une valeur de 60 fr., moyennant un supplément de 26 francs, c'est-à-dire **36** francs, *franco*, avec l'abonnement.

5o Une **Montre en or** POUR DAME (14 lignes), s'ouvrant à l'aide d'un repoussoir, d'une valeur de 90 francs, moyennant un supplément de 45 francs, c'est-à-dire **55** francs, *franco*, avec l'abonnement.

6o Une **Montre en or** POUR HOMME (18 lignes), d'une valeur de 120 francs au moins, que nous donnons moyennant un supplément de 65 francs, c'est-à-dire **75** francs, *franco*, avec l'abonnement.

TOUTES CES MONTRES *sont repassées, réglées et garanties deux ans, avec* HUIT *trous en rubis,* CYLINDRES *d'échappement, très-beau cadran, clef pour les remonter, boîte et cuvette en argent ou boîte en or, très-fortes,* CONTRÔLÉES *du Gouvernement, et chargées de magnifiques ornements en gravure.*

7º Une **belle Pendule** tout en cuivre, AVEC SON PIED IMITATION ACIER, moyennant un supplément de 9 francs, soit **19** francs, *franco*, avec l'abonnement.

8º Une **Pendule-Cartel** avec mouvement marchant huit jours, GARANTIE. *Ce mouvement est de même qualité que celui des pendules de luxe.*

Moyennant un supplément de 12 francs, soit **22** francs, *franco*, avec l'abonnement.

9º Une **Pendule de Salon**, *avec sujet*, entièrement dorée, avec socle et globe, marchant 8 jours, garantie 2 ans ; prise dans nos bureaux, **18** francs, c'est-à-dire **28** francs avec l'abonnement pendant un an. Soigneusement emballée dans une forte caisse et expédiée *franco à domicile*, **35** fr. avec l'abonnement.

10º Un **Tableau-Horloge** représentant un paysage, avec cadre doré, excellent mouvement, garanti 2 ans, moyennant un supplément de 22 fr., soit **32** francs, *franco*, avec l'abonnement.

11º Une superbe **Pendule de Salon**, avec sujet, *entièrement dorée*, avec socle et globe, à sonnerie, marchant 15 jours, *garantie deux ans* ; prise dans nos bureaux, 28 fr., c'est-à-dire **38** francs avec le Journal pendant un an. Soigneusement emballée dans une forte caisse et expédiée *franco, à domicile*, 35 francs, c'est-à-dire **45** francs, avec l'abonnement.

12º Un **splendide Revolver** à feu continu, à 6 coups, *calibre 7 millim.*, canon rayé et barillet acier gravé, de la fabrication de M. Léopold Lejeune, si connu à Paris pour les armes de luxe et de précision. *C'est le modèle, en plus petit*, du revolver adopté par la marine. Cette prime, d'une valeur de 45 francs, est envoyée *franco*, moyennant un supplément de 22 francs, soit **32** francs, avec l'abonnement.

13º Un superbe **Baromètre anéroïde**, tout en cuivre, de la fabrication de l'ingénieur REDIER, le seul employé maintenant dans la marine et par les voyageurs, adopté par le Ministère de l'Instruction publique et les Sociétés savantes de France. Il prédit sûrement les variations de l'atmosphère : *pluie, vent, tempête, beau temps*, etc. — Cet instrument, d'une valeur de 25 francs chez le fabricant, est donné pour 8 francs à tout abonné, soit **18** francs, *franco*, avec l'abonnement.

14º **L'Histoire illustrée des Girondins**, par LA-

MARTINE, 3 gros volumes format grand in-8°, imprimés sur papier de luxe glacé, satiné, et illustrés de **400** superbes gravures. Cette édition est, à juste titre, considérée comme un chef-d'œuvre ; c'est l'histoire la plus complète, la plus populaire et la plus émouvante de notre grande Révolution. L'ouvrage, d'une valeur de 21 francs, est envoyé *franco*, moyennant 8 francs, soit donc **18** francs avec l'abonnement.

15° Un magnifique **Accordéon flûtina**, caisse ébène guillochée, 3 OCTAVES ET DEMIE, 48 TONS, avec clefs d'accompagnement au socle et une *Excellente Méthode* qui permet de jouer seul, sans maître et sans connaître la musique. Cet instrument remplace l'orgue dans plusieurs églises.

Cette prime splendide, d'une valeur de 50 francs, est envoyée *franco*, moyennant un supplément de 20 francs, soit **30** francs avec l'abonnement.

16° Un beau **Violon**, *qualité supérieure*, et son archet, moyennant un supplément de 15 francs, soit **25** francs, *franco*, avec l'abonnement.

17° Un **Cornet à pistons** en *si* bémol (3 pistons) et SON ÉTUI en bois noir PARFAITEMENT GARNI et fermant à clef. Ce superbe instrument, GARANTI, est envoyé *franco* moyennant un supplément de 25 francs, soit **35** francs, *franco*, avec l'abonnement.

18° Un magnifique **Cor de chasse**, moyennant un supplément de 20 francs, soit **30** francs, *franco*, avec l'abonnement.

19° Une **Flûte** à cinq clefs, garniture ivoire.

20° Une **Clarinette** à six clefs.

21° Une **Serinette**, huit airs, caisse en noyer.

Ces trois dernières primes moyennant un supplément de 12 francs, soit **22** francs, *franco*, avec l'abonnement.

22° Une **Longue-Vue en acajou**, garniture cuivre, trois tirages, portant à 4 kilomètres, moyennant un supplément de 5 francs, soit **15** francs, *franco*, avec l'abonnement.

23° Une superbe **Canne à pêche**, *genre Bambou*, à 4 tirages, d'une longueur totale de près de 4 mètres, moyennant un supplément de 3 francs, soit **16** francs avec l'abonnement.

24° Une **Machine à coudre** *à deux fils*, GARANTIE SUR FACTURE, sortant d'une des meilleures et plus anciennes fabriques de France, MONTÉE SUR TABLE-GUÉRIDON EN ACAJOU.

Il est livré avec chaque machine six bobines, un tournevis, une douzaine d'aiguilles et UNE INSTRUCTION IMPRIMÉE QUI DISPENSE DE TOUT APPRENTISSAGE. — Cette machine est des plus sérieuses, elle offre aux familles toute espèce de sécurité.

Cette prime exceptionnelle est délivrée dans nos bureaux parfaitement emballée dans une forte caisse, moyennant un supplément de 72 francs, soit **82** francs avec l'abonnement.

Nous expédions cette prime en laissant le port à la charge de l'abonné.

L'administration se charge de fournir à ses abonnés tous les accessoires dont ils auraient besoin.

Pour le PAYEMENT, on peut envoyer soit des timbres-poste, soit un bon à vue sur Paris ; mais il est préférable d'employer le Mandat de poste dont le récépissé reste entre les mains de l'Envoyeur et lui sert de quittance.

L'Administration offre d'expédier la Prime contre remboursement à toute personne qui ne voudrait payer qu'après réception ; mais, dans ce cas, l'abonné devra ajouter 1 fr. 25, somme exigée par les Messageries pour les frais de remboursement.

EXTRAIT DU CATALOGUE

L'Homœopathie vulgarisée, *Guide médical des Familles,* par PAUL LANDRY, docteur en médecine de la Faculté de Paris, membre titulaire de la Société homœopathique de France, correspondant de la Société des Sciences médicales de l'arrondissement de Gannat, médecin des dispensaires homœopathiques. 1 beau vol. in-18, **3 fr. 50.**

Traité pratique des maladies des femmes et des jeunes filles, Guide médical des familles, par PAUL LANDRY, avec figures intercalées dans le texte, dessinées e gravées par Vien. Troisième édition, soigneusement revue et considérablement augmentée. 1 beau volume grand in-12 de 519 pages, 6 francs.

Maladies de Poitrine, conseils à suivre, ou **Traité de la Vie moderne,** par A. HOGEL. 1 volume grand in-18, **3 fr. 50.**

Livres à prix réduits sur lesquels nous appelons l'attention d'une manière toute spéciale.

2 fr. 50 au lieu de 5 fr.

Les Enfants malheureux, par Ed. Siebecker, 48 illustrations, par Gérard Séguin. 1 beau vol. in-8°, reliure de luxe, toile de couleur.

4 fr. au lieu de 10 fr.

Fables morales et religieuses, par Mme Adèle Caldelar. 1 magnifique vol. grand in-8°, papier vélin, illustré de 30 superbes gravures tirées hors texte, de Eustache Lorsay.

8 fr. au lieu de 25 fr.

Les Aventures d'un gentilhomme breton aux Iles Philippines, par P. de la Gironnière. Avec un aperçu sur la géologie et la nature du sol de ces îles, sur ses habitants ; sur le règne minéral, le règne végétal et le règne animal; sur l'agriculture, l'industrie et le commerce de cet archipel. 1 magnifique vol. grand in-8°, de 458 pages, illustré de nombreuses gravures à part et sur beau papier vélin, dessins dans le texte, d'après les documents et les croquis originaux, par Henri Valentin (des Vosges).

6 fr. au lieu de 10 fr.

Comment on devient sorcier, Confidences et Révélations, par Robert Houdin. 1 beau vol. grand in-8° raisin, vélin, de 450 pages, orné de 20 gravures et du portrait photographié de Robert Houdin.

6 fr. au lieu de 12 fr.

Les Martyrs du Clergé français pendant la Révolution de 1793, par M. Ad. Huard. 2 beaux vol. in-8°.

8 fr. au lieu de 24 fr.

Histoire de la Turquie, par A. de Lamartine. 8 vol. in-8° d'ensemble 3,300 pages.

8 fr. au lieu de 30 fr.

Histoire de la Captivité de Napoléon à Sainte-Hélène, d'après les documents officiels inédits et les ma-

---

fournit des moyens prompts, efficaces pour combattre le mal et appliquer le remède.

Avant l'apparition de LA SANTÉ, les journaux de médecine étaient faits exclusivement pour les médecins; notre publication, au contraire, s'adresse à tous sans exception : gens du monde, artisans, et surtout aux personnes éloignées des grandes villes, et pour lesquelles les consultations médicales exigeraient des déplacements coûteux et impraticables.

On y traite à fond la question des maladies régnantes; chaque Numéro contient, outre le Courrier médical, un article d'Hygiène, un article de Science, des Recettes utiles, etc., etc.

En outre, les médecins attachés à LA SANTÉ répondront, par la voie du Journal, à toutes les Consultations qui leur seront adressées.

Pour recevoir immédiatement LA SANTÉ, il suffit d'envoyer 6 francs,
montant de l'Abonnement pour un an,
à M. PIOCHE, administrateur-gérant du Journal, 61, r. de Rennes, Paris

N. B. Par suite d'une faveur spéciale, le Prix de ce Journal sera réduit à CINQ francs pour les ABONNÉS du *Magasin du Foyer*.

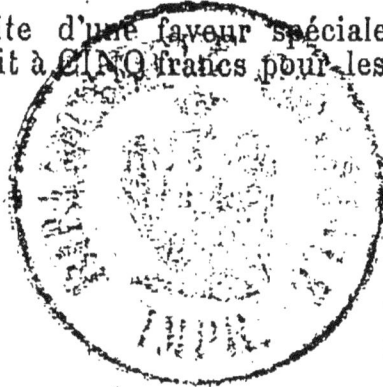

Typ. Rouge frères et Comp., rue du Four-St-Germ., 43

www.ingramcontent.com/pod-product-compliance
Lightning Source LLC
Chambersburg PA
CBHW070414090426
42733CB00009B/1669